THE BLACK FLOWER AND OTHER ZAPOTEC POEMS

BY NATALIA TOLEDO

TRANSLATED BY CLARE SULLIVAN

Phoneme Media
1551 Colorado Blvd., Suite 201
Los Angeles, California 90041

First edition, 2015

ISBN: 978-1-939419-46-0

Library of Congress Control Number: 2015950981

This book is distributed by Publishers Group West

Cover art by Francisco Toledo
Cover design by Jaya Nicely
Design and typesetting by Scott Arany

Phoneme Media is a nonprofit publishing and film production house,
a fiscally sponsored project of Pen Center USA,
dedicated to disseminating and promoting literature
in translation through books and film.

www.phonememedia.org

Curious books for curious people.

THE BLACK FLOWER AND OTHER ZAPOTEC POEMS

BY NATALIA TOLEDO

TRANSLATED BY
CLARE SULLIVAN

ENGLISH—ZAPOTEC

PHONEME
MEDIA
Los Angeles

CONTENTS

NOTE REGARDING THE LAYOUT OF THIS BOOK:
Publishing a book in three languages presents certain challenges to the editor and typesetter, chief among them the inability to publish all three languages en-face. This process is further complicated in the translation of texts from languages like Zapotec, when translators like Clare Sullivan primarily work from the Spanish translations made by the authors themselves while frequently referring to the original text. In this instance, the editors have deferred to the Spanish-language reader by offering facing Zapotec-Spanish pages as the reverse side of this book. Those wishing to compare the English and Spanish may do so fairly easily by matching page numbers, without the benefit of facing pages.

PREFACE:
FLORES DE PAPEL

A GIRL OF ABOUT TWELVE lies stretched out diagonally across a bed. She's smiling to herself, her eyes distant. The top of her right wrist sits lightly on her forehead. Her dress is white and flows like a bridal gown down the full length of her prone body. Strewn across the bed and across her torso are a dozen or so enigmatic dark flowers.

Why are they so disturbing? It's as if they were splotches of blood, and the girl lying there contentedly with a dreamy smile on her face had somehow been riddled with bullets without realizing it, and the bed, too, and both girl and bed were bleeding, bleeding out black flowers.

Graciela Iturbide took that photo decades ago in Juchitán, where Natalia Toledo was born.

Here's the news from la Heroica Ciudad de Juchitán de Zaragoza on August 4, 2015. The Mexican government has just announced the construction of a new wind farm near the town. The Mexico City paper *La Jornada* reports that the parque eólica—as Spanish eruditely names the technology that harnesses the power of Aeolus, Greek god of the winds—will consist of 132 windmills, which will generate 1,210 gigawatt hours of electricity per year. After eight months of consultations and more than thirty informational assemblies and workshops in which more than 1,300 of them participated, the Zapotec inhabitants of Juchitán gave their consent to the project. In exchange, the corporation in charge has undertaken to safeguard the environment and look into the possibility of giving the people of Juchitán some sort of discount on their electric bills. In other headlines, a leader of the Movement for National Regeneration party challenged recent election results in Juchitán and Nochixtlán, and an unnamed middle-aged male cabdriver was found behind his steering wheel, shot dead, in the Juchitán neighborhood of Istmeño.

In still other news: *the road is long and narrow, the body wilts, the candle releases its incense in the breezeway, the coyote will never trick the rabbit. Engravings plow the silence of a table scratched by gouges, on their brown, bilingual skin.*

The Zapotec god of the winds is Pitao Beé, who participates in the holy essence of Pitao, the supreme creator, the incorporeal, the uncreated, who brought the entire Universe into being with a single, long exhale.

> *When mama embroiders*
> *the breath of God blows*
> *upon the loom*

When she was a child, Natalia's father, the painter Francisco Toledo, introduced her to the writer Elena

Poniatowska, come from Mexico City to visit them in the southern state of Oaxaca. As Poniatowska looked on, the painter and his daughter spoke to each other for a while in Zapotec, incomprehensible to her. Then the child hid behind a tree.

"Do you think she'd like an ice cream?" the visitor wondered, feeling very much the outsider.

Toledo laughed. "She's not a girl for ice cream."

"What's she a girl for?"

"Spells."

When mama embroiders
the wind sweeps away doves.
A red desert
is my terrace roof.

I met Natalia Toledo in New York City after a tribute to Octavio Paz she took part in at the Poetry Society. We had dinner in an Italian restaurant in Tribeca, there were other poets and writers, cultural ambassadors and publishers around the table with us. We talked about our families, about Clare Sullivan, about books, about events. Natalia is elegant and at ease, thoughtful and entertaining. She did not hide behind a tree. She casts a spell. She did not speak Zapotec; there was no one there to speak it with. Silverware clinked, glasses tinkled, food was handsomely presented, the restaurant artfully decorated, with high ceilings and an elaborate bar. Is it true or not true that what everything tends towards is a fancy restaurant somewhere in the wide reaches of what we no longer call the "First World"?

And what do we now call what we used to call the "First World," anyway?

I remember a restaurant in Juchitán, the colors of the rugs, the shapes of the earthenware, the plants, the stinging thimble of mezcal I was served as the prelude to a slow, gentle lunch many years ago. I checked TripAdvisor: none of the three Juchitán restaurants listed there corresponds in any way to what I remember.

Natalia writes
Perhaps I am the final branch who will speak Zapotec.

Linguists have identified 57 distinct forms of the Zapotec macrolanguage. Ethnologue.com lists them all, from Aloápam Zapotec to Zoogocho Zapotec. (That brings up the question of what alphabetical order would look like in Zapotec: a question I cannot answer.) With 3,400 speakers, Aloápam has a language status of 6a (Vigorous). Though it has fewer speakers—1,400—Zoogocho has a higher status: 5 (Developing). San Agustín Mixtepec has 59 speakers; its status is 8b (Nearly Extinct).

If you're a language, a 10 (Extinct) is the worst you can be. You'll probably never crawl your way out of there, down through the numbers, past 8a (Moribund), through 6b (Threatened) on through 4 (Educational), reaching 2 (Provincial), to finally attain the nirvana of 0 (International). Examples of languages with Zero status are English and Spanish, the languages I spoke with Natalia Toledo.

Which is to say: you'll search Clare Sullivan's translation in vain for *zero, nothing, empty, void, blank, nobody, oblivion.* You won't find that here. Death you will find, yes. And *homeless birds in a jungle of forgetfulness.*

Which is to say: Natalia Toledo draws flowers on paper, makes butterflies out of paper, crafts paper into Sky, Earth, Corn, Games, Sugarcane, My Eyes, the Phallus of the Sky, What Juchitecans Wear, and My Only Home. Which is to note, to remember, that bouquets of giant flowers stand in the salas of Juchitán homes. The women cut multicolored tissue into strange shapes and fold them carefully around a wire, then tease the petals open, first with light tugs and then with their breath, taking care not to tear the thin paper, gently, gently, blowing in quick puffs until the flower has bloomed.

Natalia Toledo's poems aren't printed on that gaudy, fragile tissue here, but you are to read them as if they were; you are to exhale gently into them, creating them by filling them with the air from your lungs. The flowers strewn across the bed in the photograph Graciela Iturbide took many years ago in Juchitán are made of the same stuff.

ESTHER ALLEN

THE
BLACK
FLOWER
AND
OTHER
ZAPOTEC
POEMS

Caree yaande guiigu'
guirá xixe raca benda.
Diuxi ribeelú guriá to yoo caruxi
naa ruyadxiee'laabe deche ti yaga guie' yaase'.

The river overflows
everyone turns into fish.
God appears on a peeling wall
I observe him from behind a black leafed tree.

Guie' yaase'

Luguiá' guié yaase'ti badudxaape' huiini'
rudxiiba' guendanayeche sti',
ndaani' ti chu na' yaga
ruxhalebe ca bandaga biquii gubidxa
rugababe cani rutiee guendaracaladxi' stibe.
Ca bandaga zabi laabe panda nguiiu zapabe
bia' ni gugaba' bicuinunabe
bia' que guendanabani zabi laabe ti lá.

Black Flower

A girl lifts her laughter to the black leaves
golden leaves open
on a bare branch
so she can count the marks of desire.
The leaves will tell her how many loves she'll have
for each blemish her finger counts
destiny will reveal a name.

Guielú dani guí

Ndaanti'ti le'yuze zuguaa
cagaañe guidxilayú ne dxita ñee:
cabeza naa.
Naa ridide' nisiaase'luguiá'ti za guiba'
ne riuaabie'ra nuume.

Volcano Eye

In the ring a bull
scratches the world with his hooves:
waiting for me.
I pass by asleep upon a cloud
and hurl myself down.

Xtuí

Gula'qui' xtuxhu
beeu guielúlu'
ne bichuugu' xtuí nucachilú
ndaani' xpidola yulu'.
Biina' guiehuana' daabilú'
de ra guixiá dxaapahuiini' nuu ndaani' guielulu'.

Shame

Put the sharp edge
of the moon over your eyes
and cut the shame that hides
in your marble of earth.
Cry buried mirrors
until the girl disappears.

Lidxe' nga li'dxu'

Stale ni die'rizá gala ique'.
Guendaguti naca ti berendxinga zuba beza
ruaa bandaga li'dxu'.

Mi casa es tu casa

Arabesques weave above your head.
Death is a cricket that waits
upon the leaf of your door.

Xcu badudxaapa'huiini'

Napa' ti bandá' biree lu gui'chi' die' guendadxiña
dxa' nisa guielua' ne ruaa'nagapi ti guie'
guyuu tuxa ndaani' bandá' gui'chi'
ne guxha de xcú xa guie'.

Girl with Roots

I have a sepia photo
watery eyes, a flower on her lips
someone entered the picture
and pulled up the flower by its roots.

Yoo lidxe'

Dxi guca' nahuiini' guse'ndaant' na'jñaa biida'
sica beeu ndaani' ladxi'do' guibá'.
Luuna' stidu xiaa ni biree ndaani' xpichu' yaga
   bioongo'.
Gudxite nia' strompi'pi' bine'laa za,
ne guie' sti matamoro gúca behua xiñaa bitua'dxi
riguíte nia' ca bizana'.
Sica rucuiidxicabe benda buaa lu gubidxa zacaca
gusidu lu daa,
galaa íque lagadu rasi belecrú.
Cayaca gueta suquii, cadiee doo ria' ne guixhe,
cayaca guendaró,
cayaba nisaguie guidxilayú, rucha'huidu dxuladi,
ne ndaani' ti xiga ndo'pa' ri de'du telayú.

Childhood Home

As a girl I slept in my grandmother's arms
like the moon in the heart of the sky.
My bed: cotton from the fruit of the *pochote* tree.
I made oil from trees, sold my friends
flamboyán flowers as red snapper.
We stretched ourselves out on a *petate*,
like shrimp drying in the sun.
The Southern Cross slept upon our eyelids.
Tortillas fresh from the *comiscal*, ropes dyed for the
    hammocks,
food was prepared with the happiness of light rain
    upon the earth.
We stirred chocolate,
and dawn was served up to us in a gourd bowl.

Mexa'bidó'

Ti mexa'bidó' ñee cuanda
nahui bizuudi'
sica rusuchaahui' ti gunaa za,
ma cazui' gui'ri',
nuxhele' Niñu guiropa ndaga guielú
guicha íque guiiu nabidxu,
gulee' yaande'laa dxi nexha lada guixi
biquiide' guidiladi ne golabere' ne nisa xhinni
lu mexa' bidó' reeche guie' bigaraagu', guie'xhuuba' ne
guie'chaachi'.
Galahui zuhuaa gala bandá' sti'gue'tu jñaa'Rosi
riná guirá ni ruzee lu' ndaani' yoo.
Ruyadxiee'ni cuyaa gu'xhu'
ne riníti lu bi.
Cani' ti riidxi:
binidxaaba napa xhia.

Altar

The table with an uneven leg
is wrapped in white ruffles.
A candle flickers,
and Baby Jesus opens his eyes—shutters beneath
his curly stucco hair.
After I threw him from his bed of hay,
I glued him together with sap and saliva.
Palm fruits, isthmus jasmine and mayflowers are
    spread upon the table.
And in the center of it all, Aunt Rosi's image
watches people crossing themselves in our house.
I see smoke dance
and vanish figures in the air.
I hear a voice:
the devil has wings.

Guie' xhuuba'

Qui zuuti guenda xtubi naa
guielua' naca ti guie' gudxiru biulú.
Ti ladxidó' cayuuna naaze nanda laa
cadi cacaa bi,
cayaca diti xhiaa' sica ti bereleele,
dxi ribidxi gubidxa ne nisaguie.
Qui zuuti xilase naa, rabe
ti saa ribí lu bangu sti' guenda ribana' stinne'
nisadó' ro' candani lu guie ra gule'
rucaa' diidxazá ti gusiaanda' xi diidxa' ratané yuuba',
rinaba' guibá' ne xpele
gudxii naa guendanayeche' guleniá'.
Biguídi' gui' chi' naaze naa:
xiñee bidxii de'chu'
beleguí biliibine xquípilu'.

Flower That Drops Its Petals

I will not die from absence.
A hummingbird pinched the eye of my flower
my heart mourns and shivers
and does not breathe.
My wings tremble like the long-billed curlew
when he foretells the sun and the rain.
I will not die from absence, I tell myself.
A melody bows down upon the throne of my sadness,
an ocean springs from my stone of origin.
I write in Zapotec to ignore the syntax of pain,
ask the sky and its fire
to give me back my happiness.
Paper butterfly that sustains me:
why did you turn your back upon the star
that knotted your navel?

Ni náca' ne ni reedasilú naa

Ti mani' nasisi napa xhiaa ne riguite.
Ti ngueengue rui' diidxa' ne riabirí guidiladi,
naca' ti badudxaapa' huiini'biruche dxiña cana gutoo
    ne qui nindisa ni
ti dxita bere yaase' riza guidilade' ne rucuaani naa.
Rucaa xiee ti yoo beñe zuba cue'lidxe',
naca'layú ne guirá lidxi.
Ti bandá' gudindenecabe,
ti miati' nalase' zuguaa chaahui'galaa gui'xhi' ró.
Ti bacuxu' sti nisa, sti yaga guie', cadi sti binni.
Naca' tini bi'na' Xabizende.
Naca' ti bereleele bitixhie'cabe diixa' gulené.

What I Am, What I Remember

A free spirit that frolics without growing ugly,
a parrot with the ability to speak.
I am the girl who drops her coconut sweets and
  doesn't pick them up.
A black hen's egg passes over me and awakens.
I am the nose that smells the adobe of the house
  across the street,
one patio and all its houses.
The scolded photograph,
a thin figure in the middle of the wilderness.
A water flower, a flower's flower, not for human beings.
I am the resin St. Vincent cried.
The curlew whose song was drowned in another
  language.

Gunaa

Sica rutaagua' batanaya'
ora chi guunda' ndaaya'
sacaca bi rundubi guiropa xhi'dxu',
ca belegui randa diaga xaibá'
ne guielulú': chupa xuba ziña ni bicuiidxi bi yooxho'
renda to lari yaase' ne nalase'.
Guie biete ra narini' guidxilayú:
guiruti rudii bieque ra nexhelú'.

Woman

Like my hands before praying
the desert sands smooth your breasts,
the stars are earrings in the sky
your eyes: date palms that the wind dried
wrapped in black muslin.
A stone came down from where the world is tender:
no one circles in your orbit.

Pasión Guuze benda

Guendanayeche' ne ndaaya' xti' zeca' nisadó'
ridi'di' laagaca' lade gui'xhi' ne guiichi.
Rugaandacabe guixhe xa'na' guirá yaga.
Ruguucabe Diuxi ndaani' na'cabe
ti guianda ni gucheza bi.
Rizacabe ti neza ziula ne nalase', riguundu'
guidiladicabe.
Rucuícabe benda ne biadxi yaa, ne riguiizicabe ni lade
    binni.
Ora chindacabe xa ñee Guuze benda
ma bidxaga guendanayeche' sticabe
ni rudiicabe Diuxi nabeza ndaani'lidxicabe.

Passion of the Fishermen

Joy and prayer bound for the sea
cross the forests with its thorns.
Hang hammocks beneath the trees.
Carry faith in their arms
to heal the cracks opened by the wind.
The road is long and narrow, the body wilts.
They cook fish with green plum and share it among
    them.
In the end they offer up their flagging zeal
to God who is everywhere.

Yoo ni guniee' xcaanda'

Zenda' lade dani
nisa cayale gasi ruuya' naa,
ruyadxie'lidxi jñiá biida'
zuba gala gui'xhi'.
Rizaya' luguia bandaga,
ti ruaa yoo ro' rixale',
rigana' cue yoo ma biruxhi
¿xi cayuaa' xiee?
ti gui'ri' rundaa xho' sapandú ndaani' lidxi bi.
Ruxhele' guiiru' biaani' rindaya' ndaani' gui'xhi':
ti yoo nagan'da',
riá' ndaani' guzina
ca guisu nacacá' ndaani' jñaa.
Riuuxiee' guendabidxu, nanchi,
za cadxuuni', gu'xhu' benda yaagui'.
¿Xí ná ladxidua'ya'?: nayeche' nuu.
Zenda'lade dani, neza lua':
zuba to yoo bisi'ña' ma biaba laya
ne didilaage luuna' doo rié ne reeda gala guiba',
zugúa yaga ne guie', qui riaadxa' mani' ripapa'.
Rixubena'ya' ti bidxiña ne guielúme nacani ti
xilase nayu'la'.
Nacua' ti lari cuadru huiini'
ne chupa bitoope caguiru xhidxe'huiine',
cadi cuxidxe', suguaa' chaague' sica ti yaga
napa' xhono iza ne guidilade naca ti yoo redasilú laa
   lidxi.

House of My Dreams

I come down from the mountain
a pool of spring water looks back at me,
I see my grandmother's house
in the midst of the jungle.
I walk upon the greenery
a heavy door opens,
I can touch the peeling walls
—what does my nose smell?
The candle releases its perfume
in the breezeway.
I open the window, there is the jungle:
the house is cool,
I go to the kitchen
the kettles are my mother's womb.
Smells of soursop and ripening *nanche*,
the sound of oil frying, fish smoke.
What do I feel? I am content.
I descend the mountain, before me:
a white house with missing tiles
beds of thread stretch across their skies,
in my garden no shortage of birds.
I caress a deer and her eyes are an oval sadness.
I'm wearing a plaid shirt
and two crabs pinch my little girl nipples,
I don't smile, I stand stiff as a post.
I am eight years old and my body is a house that
    remembers her home.

Dada

Pa ñanda niniá' luguiaa
xa badudxaapa' huiini' nayati guielu,
niziee': ti chalupa stibe,
ti duubi' nutiee sica ti pe'pe yaase',
chupa neza guelaguidi ñapa ebiá naguchi ruzaani'
ni dxiña biadxi dondo ñó guenda stibe xa'na' ti
yaga bioongo'.
Nuzuguaa' jmá guie' xtiáne guie' daana' ra lidxibe,
nga nga ñaca xpidaanibe
ti guirá ni ñuuya'laabe
ñanaxhii gupa naxhi cayale gasi guidiladibe.

Dada

If I could go to the market
with the pale-eyed girl,
I'd buy her: a game of chance,
a feather the color of black cocoplum,
some sandals with golden buckles and,
so that her totem could eat beneath a ceiba tree,
the luscious fruit of tart plums.
I would carpet her house with handfuls of basil and
    hoja santa,
that would be her *huipil*
and all those who gaze on her
would want her for the lasting dew of her body.

Ni guicaa Jaime Garza

Runi guirá xixe birí daapa ruaa ti dani.
Runic a gueela' bituaa' guendaroxhi
ne guirá ni guniee' xcaanda' ndaani' ti guixhe.
Purti gueu' qui ziuu dxi quite' lexu
ne pur ca dxi biina' guidxe' dxiiche' yoo lidxe'.
Pus guirá zapandu reeche gala ique'
xculá' bigú bitopa' ndaani' guirá saa' rá yeguyá'.
Pur saa' qui nuyaa'bixhoze ne jñaa'
Nadxiee' lii.

For all the ants that gather at the mouth of a hill.
For the night spent eating *tlayudas* and *garnachas*
and for all that I dreamed in the hammock.
Because coyote never will trick the rabbit
and for the days I cried in my house's embrace.
For the fragrance of *chintul* sprinkled upon my head,
bitter confetti that I gathered at the fiestas.
For the *son* that mama and papa never danced
I love you.

Ndaani' ladxidua'
ti na' gande rizá,
re' guirá guendanai' binni nadxaba'
sica ti guie', candaana gó guirá manichuga.

A centipede patters
penetrates my heart,
resists jealousy's concoction.
Like a flower, it hungers for insects.

Nisa Candaabi'

Ti duuba' nisa dxi'ba' gala ique ti dani'
guiendaga' naguiu rixubiná guiba'
rilate ne raca guie.
Ti gunaa zi' riza luguiá' ca gue'tu' guca guie.
ridi'di' ca nguiuu dxi'ba jmá dxumi sú gala ígueca'
canagutooca'ni rízi' binni canayaze.
Nisa Candaabi:
nacú' ti rii nanda ndaani' ca dxi ma gusi.

Hierve el Agua

A map of water on the hill's crown
chalk-white emerald grazes the sky,
in a stone torrent.
A poor woman walks upon this fossil,
men pass, baskets on their heads
to sell to the bathers.
The Water Boils: a frozen clay jug
asleep in the eyes of time.

Mexa

Bisa'bi cabee naa'
cue' ti bitoope dxa' birí naxhiñaa ndaani'
ra cáru' gúcani dé ni bidié ne nisa roonde' xti' gueta
    biade.
Lú mexa' bizaacade xhuga ne ti guiiba',
gudaañecade lú yaga
ni bisiganinecabe binni nayaase' guidiladi ni rini'
    chupa neza diiidxa'.
Bixelecabe chiqué ne ti guidxi qui nuchiña laacabe.
Xa'na' dani beedxe'
biyube' ti guisu dxa' guiiba yaachi
ti núchibi dxiibi xtinne'
ne ti nisa candaabi' bixhiá ndaani' bíga' guielua'
guirá xixe guie' huayuuya'lu sa' guiidxi.

Table

l was left alone
beside a crab covered in red ants
that later turned to dust to make paint with nopal.
Engravings plowed the silence of a table scratched by
    gouges,
on their brown, bilingual skin.
There was distance back then:
not one word brought them together.
Beneath Tiger Hill
l searched for a treasure to scare away my fear.
A fiery liquid erased all the flowers
l have seen in May
from my left eye.

Pa guyube lii
zanda saya' guidubi guidxilayú
ne ñee qui zadxaga
ziyubelua'lii ndaani' Diuxi pa laa gucachi' lii,
xa'na' ti yaga zaca ti binidxaba huiini'
cuchibi ca mani chuga qui gapa lidxi.
Zahuayaa guirá cuananaxi
zee'niidxi xti' gueela' ne guie',
zadxá biá'lazi ne birí guidiruaa'
sica ruaa ti xigabá.
Xi xa'na' yaga tama gurilú'
ni bicaa ì'cu', bixui'lúlu' qui zuyube lii?.
Ora ma guidaga' gusigaa ñee xa'na'
 bacaanda' xti' ti biniidxi, ne guiruche ca tarrón
    luguia'ya',
ne guirà bandaga guchi yaa guchiilua',
ne xa'na' ga'biá ma qui zanda guiniibe'
oraca rú' zanda guicou bi, zanda guyoou luguia'ya' ti
    son yaa pa gacala'dxu',
oracaru' zanda guiniu rarí birá biluxe guenda
    rucaachilu gudxitenu.
Ora ca ru' zanda gusa'bu' bayu biruba gui'ña'
    bindibenia' ladixido'lo',
sica bindiibi jñaa vida nabiuxe rua xpizudi'.

To search for you
I can walk across the whole earth if I wish
without my feet withering.
I will search for you in the belly of God
    should he dare to shelter you,
beneath the tree I will be a fairy that stalks
insects without nests.
I will bite the fruit
drink the night and her flowers,
my lips will fill with flies and ants
like the mouth of a wineskin.
Beneath what tamarind tree did you sit down and
    imagine I would not search for you?
When I tire and stretch my feet beneath the shadow
    of hanging moss
and clods of earth and yellowed leaves cover my eyes,
when I'm six feet under and cannot move, then
you can breathe and dance an ancestral *son* upon my
    body if you wish,
throw away the tulip handkerchief I used to tie up
    your heart
just as my grandmother knotted small change in her
    petticoat.

Gucaladxa' niza neu' naa lade guie' ne lade guie,
ñacala'dxi' ladxiduá' qui nusaanu naa ndaani' ti
   dxumi
dxá' gu'xhu' bidó bicaa neza íque',
ñuula'dxi' ca ñee' huiine' qui nundaca' na bandá' xtica'.
Nabé ñuaaladxe' qui ñuu dxi nuzuxibe' cayuunda'
   ndaaya'
de ra bi'na' guiropa chu guie lua' sica bidxadxa
nabé pe'ñacaneu' guendaxtubi xtinne'
pa lii qui nussaanu' naa ndaani' xa yoo yooxho'
ra guleza ca gunaa bixhiá lá ne ndaaya'.
Gusé' xa'na' ti yaga bui' nasoo ra cayale nisa
ra gudiibe lari guidubi ti iza.
Gudxiba' gala deche ti bicú' ne biitua'
xiana xtinne' paleta deche me,
ague sicarú pa niziidu ñannaxhiu' de ra ñacaná
   guielulu'
ne la'dxi'dolo' nusaba ca bandaga xhiuubalu'.

I wish you could walk with me on petals but also over
    pebbles.
My heart was sad that you left me in a basket
where smoke from the saints made my head swim.
My tiny feet wanted to hold on tight to their shadow's
    hand.
How I wished to never ever kneel down at prayer time
while my eyes cried like a colander.
It would have helped my loneliness
if you hadn't abandoned me in the belly of an old
    convent
where women prayed until their names were erased.
I slept beneath a tall guava tree
washed clothes for a year in the water that sprang
    forth.
I sat upon a dog's back, carved my courage on his ribs.
How beautiful it would be
if you learned to love until your eyes ached
and your heart dropped petals of pain.

"NI RIGUITE
XQUIEE
NANIXE NÁ'
ORA RUNI
GUENDARÓ."

———————————

CREENCIA JUCHITECA

"A HAND IN THE BUSH MAKES SWEET WORK IN THE KITCHEN."

JUCHITECAN SAYING

Dxiiña'

Rigapa' guerta bia' ti ladxidó'
cuba nga bata naya',
rutiide' dxiá lú gui
ruruba' biidxi guitu
ti guinana nisa ra rixuuba' ca bendabuaa
ni ma bídu gubidxa bixiñá:
rutié' niá' bia
guidi ruaa guendaró.

Craft

With hands of dough
I make tortillas the size of a heart.
I put the comal on the fire
and toast pumpkin seeds
to thicken the broth where shrimp swim,
sundried and red:
I make up flavor's mouth with red achiote.

Guiiñá' dxuladi

Sica ruxhalecabe ti bacuela
naguchi yaa ne ruzaani',
sacaca ruxhele nda'gu' guiropa chu xco'relu'
ora zuba' ndaani' guixhe
ti zaque chu' ndaani' guixhe
ti zaque chu' ndaani' xhigalú'
xquiña dxuladi xpa'du'lu'
ne guzulú guchaahuilu'
biziaa birubú' lu dxia sti xquendaracala'dxilu'.

Chocolate Chili Pepper

Yellow and green cornhusks open
filled with light.
You open your legs wide
when you sit down in the hammock
so that the chocolate chili of your man
may enter your calabash
and stir up the cocoa beans
browned on the comal of your desire.

Dxiña beeu

Rului'ni zqui' chiva
guielú bia'lazi yaa
nayaase'lana sica xa'na guisu ribí lú dé,
ti nisa bi'na' gui'xhi'.
Nanaxhi sica guidiruaa binnigola rui' diidxa',
xpidoola yaga ragua' xehe' beeu saa xquidxe'.

Wild Cherry Sweets

It looks like goat pellets,
the eye of a tropical fly
black like the backside of a pot upon the fire,
a teardrop formed in the forest.
Little marble from a tree,
sweet as the lips of an old man speaking,
I devour you in May.

Benda yaagui

Nexhe chaahuica'
ruluica' gue'tu' bibidxi xti' ca eqipciu
rendaca' bacuela.
Galaa íqueca' riguiche' xquie' ti bichooxhe yaa.
Beeu ruzaani jlazaca',
zuxale ndaga decheca'
guielucame cayuunaca' ndaani' gu'xhu'.
Suquii: naca ba' xti' ca mani nisadó.

Smoked Fish

They sleep in a row
like Egyptian mummies
rolled up in corn husks,
I squeeze a green tomato on their heads.
The moon makes their scales shine,
spines split open
their eyes cry inside the smoke.
Clay pot oven: sarcophagus for the sea's harvest.

Guendabidxu

Nari'ni' ne naxiaa ndaani',
rinda' naxhi sica baduhuiini'
renda lari biidxi',
za biree ndaani' layú,
naguchi ne naxiñá'
rahuayaa guidila'du'
sicasi ñaca xhaba ba'du' gule gasi.

Soursop

Heart of softest cotton,
newborn scent
wrapped in a blanket of seeds,
red and yellow
cloud of earth,
I bite your newborn skin.

Ti nguiiu bichenda naa
sica rirenda ti xiga bizunu ruyaa'
ne bilaa naa layú
bisiaa si naa, zé', guxha naa xtoo.

A man
spun me round like a top
tossed me to the ground
left me dancing alone: without his tether.

Ca Gunaa xieladi

Bandá' xticabe ni güe guiiu
guiidxicabe xibicabe.
Ñechu' yannicabe sica tou'
lu mexa luguiaa',
runna nisa dani lé
bandui' naca guicha íquecabe.
Nuu xtubicabe: xindxa' ruuna' ndaani' guidiladicabe.

Naked Women

Their shadows soak up limestone
embrace their knees.
Necks bent like turkeys
on the market table.
The hill's hollow sheds tears
mire laps at their hair.
Alone: in the humid magma of their bodies.

Ni Nabani ma' guti

Diidxa' guielú napa lú
naxoo ne na bidola,
sica ti bendabuaa ndaani' guiñadó'
sica chupa neza guelaguidi
ma gu'gui' ne nachonga yaga:
sica gucheza bi batañee ti nguiiu ra ñaa.

Still Life

The word *ojo* has eyes
serious and round,
like a shrimp in mole sauce
or a pair of leather sandals
weather-beaten and stiff:
like the cracks on a campesino's foot.

Sica ré' biulú niidxi sti' guie' rica lu yaga
sacaca re' guie' stinne' xnisalu'.
Riuulu' ndaani' ra nari'ni' xcú
ne ruyubilúlu' ti guie huána' guini' lá lu'.

Like hummingbirds to an orchid
my flower offers you a drink.
You enter where the stem is tender,
in search of a mirror that says your name.

Guendaranaxhii

Guibá' ladxidua' naaze lii
sica naaze gueela' ca belegui.
Ti xtagabe'ñe cayale lugiá' guiigu'
sica rindanilu'
lade ñee xpacaanda' xcore'.

Loving

My heart's sky holds you
as the night does her stars.
A water lily is born on the river's surface
as you break forth
from the dream between my legs.

Binnigüe'

Ma' gúla ca beleguí,
ne guie lua'
naca chupa bigaraagu'
candaabi bichiiña' cabana' lii.

Bacchus

Stars ripen,
and my eyes
two hard *coyol* fruits
ferment from missing you.

Naa gundisa ca nisa biina' guielua'
ndaani' ti xiga
ti dxi guichagana'ya'
guindaacabe ni gala íque'.

l saved my tears
in a gourd
so they could break it over my head
on my wedding day.

JUEGOS DE INFANCIA

PARA MIS AMIGAS DE ENTONCES:
OCTAVIANA,
ELEAZAR,
CÁNDIDA,
ROMELIA.
PARA MI PRIMA ANABEL.

CHILDHOOD GAMES

FOR MY FRIENDS BACK THEN:

OCTAVIANA,

ELEAZAR,

CÁNDIDA,

ROMELIA.

AND FOR MY COUSIN ANABEL.

Ganiú

Contiene, contiene la ganiú
bidxiee na' guiiru' xcurgui' ta Piú

Ti ludoo ba'duxcuidi
zubaca' ruaa yoo
ñechu' naca' gala deche ca,
rutiidica' ti ganiú lade na'ca'
ne rucaachicani.
ba'du'zuhuaa lu cabe rinabadiidxa':
tu laa nunachi' ni
nit obi que rini'
ti guielu rigaañe
ne sica ti bele ribee lu xaguiba'
rigapa ne ridxela ni.

The Ring

Let the ring whirl, let the ring wind.
Roll it around Mr. Smith's behind.

A string of children
seated in the hallway of the house
hide their hands behind their backs,
a ring passes through their fingers.
They hide it.
Who's got the ring?
Everyone goes quiet
and shows their fists
a hand checks them over
and a glance pries in
like a bolt of lightning in the sky
he raps his hand and guesses.

Tingui bidó'

Sica ti luba'
ruchendacabe bicuini na'cabe,
ca badu'xcuidi rindanica'
ti ba'du' bidó' ndaani' dxita le naca'
ne ribee zaca' laabe.
Ruzuluca' luguiá' guie nexhe' cue' yoo
gatigá ridi'di' laaga ca' lú neza.
Laabe Zubabe ruyadxibe,
Xabizende guca bido'
dxi gudxite ne guri ndaani' na' ca biza'na'.

Game of Saints

Like a vine
they intertwine their fingers.
In the hollow between the bones,
the children carry the chosen one.
They bear the child-saint
from one granite bench to another.
He observes them from his throne.
St. Vincent was beatified
when he played at sitting
upon his brothers' arms.

Guendarapa xiiñi'

Rigaañedu caadxi guiiru'
sica nidaabi xhidxi gunaa guriá yoo,
ruca'du ti neza ne gueere'
ne runda'du tala'dxi'
chona guie riguiñecabe laadu.
Rudxii dechedu deche yoo sica shini' Diuxi
ruze'gudu ludu ne rodo'ni
purti napadu chona guie ndaani' xquiirudu.

Having Children

We dig holes along the house
like breasts submerged in the earth,
marking a line with a bamboo stick
we throw the rubber ball.
Each miss is a stone child. Three tries.
Three stones in your hollow, close your eyes.
They crucify you, your back to the wall.

Bizu

Dechenadu riguiide ne rusaana niidxi sti'
ca ba'du' xcuidi nacacá' ti xiga bizu
ni riguiru bataná' guendaranaxhii
sica ti mani' nisadó' nuzá' Giacometti ne guiiba'.
Ti yaga ridiiñe ni biza'du
ne rucheeche nisa ruuti',
riaya xtidxidu riree guxooñe' nedu laa zitu,
rinanda xiga dxiña bizu laadu.
Guiree zou'
ti zaca nga gunibia' neza guibiguetu'.

Honey Bee

It drills in, leaving its milk
in the back of your hand.
Children are a gourd full of bees
pinching the hand of Eros
like a Giacometti crustacean in metal.
A stick lashes our sculpture and scatters its poison,
our scream takes off running
a gourd tree packed with honey looms.
To hit the mark
you have only to flee it.

Guendarucachilú

Paraa bicachilu'
ndaani' yaani ti guisu ¿la? Co,
ndaani' na' guixhe ¿la? Co,
xa'na' guendadxiña bi'ya'binnisu' ¿la? Co,
deche yuxi guiigú ¿la? Co,
ndaani la'dxi na yuuba ¿la? Ya.

Hide-and-Seek

Where are you hidden,
In the throat of the cooking pot? No,
In the hollow of a hammock? No,
Under the sweet sapodilla that watched you grow? No,
On the river's sandy spine? No,
In the palm of pain's hand? Yes.

Dxí gúca' baduhuini'

Guixhe	Ladxi na' jñiaa
Guibá'	Guí'chi'China
Layú	Guirá ni rutiee naa
Ta Juan Míchi	Ni nanna diidxa' yoxho'
Guie' chaachi'	Biga'xti ca bidó ne ca gubaana'
Xuba'	Dani bixuuba'
Guenda riguite	Gubidxa lade ñee'
Nite	Xquie guibá'
Guie lua'	Xcuuana gueela'
Xabizende	Ngasi nga lidxe'

Childhood

Hammock	Mama's arms
Sky	Tissue paper
Earth	All that colors me
Don Juan Míchi	Keeper of the oral tradition
May flowers	Necklace of saints and thieves
Corn	A hill of kernels
Games	Sun between my legs
What Juchitecans wear	Zapotec
Sugar cane	Phallus of the sky
My eyes	Nightime fruit
Juchitán	My only home

NA' NI
RIGUIIBA

WEAVING
HANDS

Ora jñaa' caguiba
bi ruchía ca guugu stia.
Íque lidxe' naca
ti xilate dachi naxiñá'.

When mama embroiders
the wind sweeps away doves.
A red desert
is my terrace roof.

Naxiñá' rini

Rini sti' guichi bia gueta
guie naxiñá' naguichi daabi lugia' beela ró manichuga.
Batana' Diuxi guyu biní,
ruuna ni ridiee ne bidaani'
racu ca gunaa gule Lula'.

Cochineal

Blood of nopal
ruby of prickles on insect flesh.
The thorns in Christ's hand,
crying the dye
that Oaxacan women wear.

Lari riguiba nisadó'

Ca na' bitoope
naca chupa guie' lu gue'la beñe
ziyale xa'na' beeu quichi' xti' yuxi.
Caguibaca' ra nacahui lu ti lari raaya'
ora gucheeca'
nisadó racané guixhia ra ma gudibaca'.

Sea Textile

A crab's pincers
two marsh flowers
that open beneath the white moon of the sand.
They weave in darkness upon a grainy loom.
When they make a mistake
the sea helps them to erase it.

Ni riguiiba

Xa'na' baca'nda'
xhidxi xiaa nari'ni': carenda doo.
Naga'nda' neza yoo sica nisa coco ndaani' miati,
ri' ndani doo lugia ti yaga dxiba
ni nuá' guxharu ne bacaanda',
huindubi bi nisa sti' lú
ti guiichi guiiba yati dxi gueela' ridi'di'
lu lari sisi sti' xquendarietenaladxe'.

The Weaver

Breasts of tender cotton
in the shadow: she spins.
Corridor cool as coconut water in its belly,
a swarm of threads anchor on the frame
held there by crickets and dreams,
warm southern fan upon its face
a silver needle always crisscrossing
the silk of my memories.

Gunaa riguiiba

Randá xtí gueela'
riree lade xco'relu'.
Caguibu' lu ti gueta biguii xiaa yaase',
caguiche xhiiñi' guie' lu lari.
Cuira bandaga ma biaba xa ñeeu
nisi xhidxi yaga bioongo' biaana.
Cabee lú ti guxharu lade neza
rigapanalu' ne ruchi'bu' laa.
Rugadxu' doo ne nisa xhinni
zuhuaandi' rutiidu' laa ndaani' guielú guiichi guiiba'.
Nacaxiiñi lú jmá guie'
ne zineu'ti baduhuiini'
zuzee guie' lu gui'chi'dxi guiniisi.
Gusi jñaa', gusi ne bixhague' ruaa' xpacaandalu'.

Woman Who Weaves

A nighttime shadow
emerges from your lap.
You weave upon a tortilla of black velvet,
flower children germinate upon the cloth.
Leaves fall at your feet.
only the *ceiba* tree still has breasts.
A cricket appears in the alley
you clap your hands and he runs scared.
You wet the thread with saliva
a mast that travels through the embroidering eye.
You are pregnant with flowers
and you carry a girl
who will draw flowers upon paper when she grows.
Sleep mama, sleep, and let your dreams open their
    mouths.

Badudxaapa' cubi

Ora jñiaa' riguiba
guidiruaa diuxi rundubi
lu lari,
íque bicuininabe rindani gadxe guie' xiñaa'
ni rutienebe lari xhiaa gueela'.

New Bride

When mama embroiders
the breath of God blows
upon the loom,
seven red flowers grow from her fingertips
and tint the nighttime cotton.

Bidaani'

Ruyadxie' lii sica ruyadxi guragu' guibá',
ribaque chaahue' lii ndaani' guiña candanaxhi
    guiriziña
guidiladé ruxhele guirá guiee' bizeecabe lu xpidaane'
guirá nguiiu ne biulú zanda gueeda chiru ca' naa
    yanna gueela'
guenda nayeche' xtinne' cadá nisa.
Ora riaa' sa' riguyaa' ne pa guiaba nisaguie
ladxidó' guiba' ribee yaande gadxe
ni rutiee lu xpidaane' ne guielua'.
Ora guiruche ti guí ria'qui' guiba'
naa ruxhele' ruaa'sica guragu' ne rabe xpele.

Huipil

Facing the sky like a lizard,
I settle you in a trunk that smells of pine.
My skin bursts with the flowers etched upon my dress.
Men and hummingbirds can come and pinch me
    tonight,
my happiness is nectar that flows.
I am going to the fiestas to dance and if it rains
the heart of day will hurl a rainbow
upon my *huipil* and my eyes.
When lightning falls, the sky burns,
I open my lizard mouth to drink its fire.

GUIELUA':
BIDXICHI
BIGÚGUIE
GUI'DI' NDAANI'
GUIE RA BIRÉE

MY EYES:
MICA COINS
CLEAVING TO
THEIR STONE
OF ORIGIN.

Ra ruzulú guidxilayú

Guacanu jlaza diuxi,
guie', bidxiña ne migu
gucanu yaga gucheza bele,
bacaanda' ne libana guni' bixhoze bidanu.
Biabanu ndaani' gui'xi'
gubidxa bitiidi' baxa sti' ladxido'no,
gucanu pumpu ¡au!
gucanu nisa ¡au!
Yanna nacanu dé biaana
xa'na' guisu guidxilayú.

Origin

We were scales sluffed from God,
flower, deer and monkey.
We were the trunk split by a lightning bolt
and the sermon told by our grandparents.
We fell to the green earth
and the sun ran through us with his arrow,
we were the jug, Auoo!
we were the water, Auoo!
Now we are ashes
beneath the cauldron of the world.

Xquenda

Dxi gúle'
bixhoze' bituxhu ruaa ti gueere',
ni btiee lu yu gúpe
guirá xixe mani' gudídí neza íque.
Layú guni' tu nga xquenda': Be'ñe'.

Familiar

As I was being born
my father sharpened the tip of a reed
and drew the animals that ran through his mind
upon the damp earth.
The earth told him which would be my double:
    the lizard.

Guidxilayú

Íque guidxilayú,
zanda gu'yu' layú.
Nacani gui' xti ca bidó,
xquipi xiga
lidxi bizu
beñe ne nisaguie,
bigúguie biina' gubidxa.

Earth

From the world's crown,
you can see the ground.
It is the shit of saints,
a gourd's navel
home to bees
mud with rain,
mica that the sun cried.

Diidxa' ne guenda

Guy utu gucua nisa dondo bi'na guidila'du,
tu guzá de íque de ñeeu
ne qui nexhalelu ti ñunibia' xtuxhu gubidxa.
Guyuu tu gudxiru lu guendaró
ne qui niná ñe' dxuladi male ne cuba ladxi guenda.
Guyuu tu bigaanda ti pumpu nalaa xa'na li'dxu'
ne qui niná ñuni saa.
Qui ganna ca binni huati pa ti guie' biaba layú
guie' ru'laa dxi gáti'.

Tradition

There once was a man who tasted the must of your
    skin,
walked you over from head to toe, his eyes closed
to avoid the sun's splendor.
Barely touched his food
refused to drink your family's chocolate
or the juice they squeezed from mamey.
He hung a broken cook pot on your door
then refused to pay for the feast.
The fools didn't realize that when a flower falls to the
    ground
it is still a flower until it dies.

Bidolaguí'

Ruza'came tala'dxi' gui'
sica ti beeu narooba' dxa'típa.
Rudxiiba'cameni gala íquecame
rului'came gunaa canagutoo gueta biguii;
rigaañecame xa'na' guidxilayú
ne rucaachicameni,
sica si ñacani
ti gula'sa jmá rizaca.

Scarab

They make balls of excrement
round as a full moon.
Carry them on their heads
like women selling tortillas,
dig beneath the surface of the earth
to hide them,
as if they were
a sacred relic.

Cayache bate ladxidó' guidxilayú
ti bandaga yaa rasi íque laga'.
Bandá'stinne' lu tapa neza rizá
nayeche' riabirí guidilade'.
Ti le' nga ra lidxe'
ti bacuzaguí cahuinni biaani' gala deche'.
batanaya' naca ti yaza ne guirá ni rudiina' naa
rituee laa ne tini biina' guie' stinne'.

Fire is reborn on the soil of the earth
a tender leaf sleeps upon my eyelids.
My shadow walks the four paths
content, my skin shivers with ants.
A garden is my house
and the firefly on my back makes me translucent.
The palm of my hand is a leaf
and I tint all that waves at me
with milk from my stalk.

Gurié xa'na' ti ba'canda'
naca deche'ti bacuela bigundu'.
Xilase richeza layú
sica ora riaba biní.
Yudé guidxilayú cayuni ti bidunu
ndaani' guielua'
candá' naxhi nisaguie,
ma chi guidaagu' guiba'.

Seated in the shadows
my back is a broken corn stalk.
Sadness opens furrows
like the land that we sow.
Dust of the earth
whirls within my eyes
scent of rain,
the sky is about to cloud over.

Bicahui guidxilayú
bilate pumpu, bixooñe' guiigu' ne nisadó',
biree ti gubidxa yáa bixhia guielú binni, yu güe' nisa
   xti guirá guie',
ne yaga ga',
gúca ti xu ro'ne bixele' layu,
ra gucua bi racaa gúle guie' ti nguiiu'.

The world darkened
a jug spilled over, seas and rivers flowed,
a yellow sun came out, erasing men's eyes,
the earth drank water from flowers and plants,
there was a tremor and from its fissures
the first man sprouted.

Ni guicaa T.S. Eliot

Ndaani' batanaya' gule jmá guie' naxiñá' rini ziula' ne
    sicarú,
qui zanda gusiaanda' dxiibi guxhanécabe naa guirá ni
gule niá'.
Guzaya' xadxi ne batanaya'
bitiide' guidilade' ra dxá'beñe
ne ndaani' guielua' bidxá yuxi nuí.
Gula'quicabe láya' mudubina
purti' gule' luguiá nisa.
Guriá yaachi naxí gudó yaa' ti beenda' cayacaxiiñi' naa
ne guca'Tiresias biníte' guielau',
qui niquiiñe' guni'xhi' ora guzaya' stube ndaani' ca
dxí ma gusi.
¿Guná nga ni bidanané binniguenda laanu?, ¿xí yuxi
    guie bisaanenécabe laanu?
Ca xiiñe' zutiipica diixa' guni' jñiaaca'ne zazarendaca'
sica ti mani' ripapa ndaani' gui'xhi', ne guiruti zanna
    tu laaca'.
Guirá beeu nuá' neza guete'
balaaga riza lú nisa cá tini, ni rini' xcaanda' guielua'
    pe'pe yaase'.
Zabigueta' zigucaaxiee xquidxe',
ziguyaa xtube xa'na' ti baca'nda' ziña,
chupa bladu' guendaró ziaa' zitagua'.
Zadide'laaga' neza luguiaa, ni bi yooxho' qui zucueeza
    naa,
zindaaya'ra nuu jñiaa biida'ante guiruche guirá
    beleguí.
Zaca' xti bieque xa badudxaapa' huiini'

For T.S. Eliot

Red flowers, long and beautiful,
grew from my fingers.
How to forget the fear that robbed me of all certainty?
I walked with my hands
wedged my body where there was mud.
My eyes filled with fine sand.
They called me the girl of the water lilies
because my root was the water's surface.
But I was also bitten by a snake mating in the marsh
and became blind. I was Tireseus making his way with
    no staff.
What are the roots that clutch, what branches grow out
    of this stony rubbish?
Perhaps I am the final branch who will speak Zapotec.
My children, homeless birds in the jungle of
forgetfulness,
will have to whistle their language.
During all seasons, I am in the south,
a rusted boat dreamt by my eyes of black cocoplum:
I will go to smell my land, to dance a *son* with no one
    beneath a bower,
I will go to eat two meals.
I will cross the plaza, the north wind will not stop me,
    will arrive in time
to embrace my grandma before the last star falls.
I will go back to being the girl who wears a yellow
    petal on her right eyelid,
the girl who cries flower's milk.
I will go to cure my eyes.

ni riba'quicabe guie' bacuá íque laga,
xa ba'du' ruuna niidxi sti guie'
zabugueta' xquidxe' ziaa' si gusianda' guie lúa'.

TRANSLATOR'S NOTE

Though archeological evidence shows that Zapotec has been a written language for over 2,000 years, Natalia Toledo was the first woman to write and publish poetry in her native language. She has written four books of poetry and two of prose, all appearing in bilingual Isthmus Zapotec-Spanish editions. In 2004 she won the Nezhualcóyotl Prize, Mexico's highest honor for indigenous-language literature, for her book *Guie' yaase'* / *Olivo negro*.

What makes her poetry beautiful is also what makes it challenging to translate. She writes with detailed clarity about the traditions, events and natural surroundings of her people, the Isthmus Zapotec. These flora and foods and celebrations are not always familiar to her compatriots from other regions of Mexico, let alone to readers of English. But it is her fine attention to detail, perhaps from her experience as a noted cook and jewelry designer, that allows her to recreate this experience for her reader.

Since many of the images she presents do not have an equivalent in an English-speaking climate or culture, I must decide whether to explain them, approximate them, or leave an indigenous word for the reader to investigate. I have made some errors in the process. I am grateful to careful readers who pointed out when moss became mistletoe in translation, for example. Some of these errors occurred precisely because Toledo and I do not inhabit the same ecological zone. In the poem "Altar" where she describes the contents of her family altar "guie' bigaraagu" became "corozo" which became "corn cob" in an earlier version of the poem before I realized that "palm fruits" is what was really meant.

In this process I have been fortunate to work directly with the author and with her friend and fellow Zapotec poet, Irma Pineda. Both Toledo and Pineda are translators in their own right so they understandingly tolerate my questions and clarify my doubts. Toledo herself translated all the poems of *Guie' yaase' / Olivo negro* from Zapotec to Spanish and Pineda helped me compare the original to Toledo's translation verse by verse. Sometimes the poet deliberately changes a poem when rendering it from Zapotec into its Spanish incarnation, perhaps to clarify an image for a wider Mexican audience or to enrich the sound in Spanish. But always the translations into Spanish are poetry in their own right. This requires a tremendous effort on the part of Toledo and other indigenous language poets: they must not only be poets who know another language but poets in two different languages.

Another tantalizing aspect of Toledo's poetry that may be lost in translation is the sound of Zapotec. This sound draws in listeners when Toledo reads in Italy, Thailand or Mexico City, even when they cannot understand the meaning of her words. That's because

Isthmus Zapotec is a tonal language with no relation to Spanish or to any of the other almost three hundred indigenous languages of Mexico. Since English is not tonal, I cannot capture this musicality. I can, however, strive to imitate her patterns of sound and the way sound echoes meaning.

In this instance, I am grateful to my students for slowing down my reading and asking questions about line lengths, line breaks and specific images. They have reminded me that the strength of Toledo's poetry lies in the energy she puts into each picture she draws with color, sound and story. I have occasionally been able to cleave more closely to the original. For example in the last four verses of "Having Children" I try to capture the end rhyme I detect in the Zapotec though not in the Spanish. In the poem "I Wish that You Could Walk with Me", "lade guie'" and "lade guie" are near homophones in Zapotec but not in Spanish. After much struggle and play, I happened upon the approximate homophone "pebbles" and "petals".

The Black Flower and Other Zapotec Poems provides an entryway to Zapotec culture, its history and current struggles. Toledo represents her people's cosmology and even bases one of the poems in this book ("Origin") on a traditional creation song. But Zapotecs of the Isthmus have not been hidden in obscurity until recent times. Rather their nation has been at the crossroads of culture for centuries since the narrowness of their territory offered a route between oceans (much like that stretch to the south that became the Panama Canal). Other nations have sought to exploit this possibility with grand construction schemes such as canals and superhighways. This region, far from Mexico City and the rest of the North American continent, has also attracted attention from artists and anthropologists. Frida Kahlo adopted Zapotec dress even though she wasn't from the region and Graciela Iturbide's photographs of women, particularly "Nuestra Señora de las iguanas" that features a woman peering out from underneath a stack of iguanas, have become iconic images of Latin American women.

Still, what enlivens *Guie' yaase'/ Olivo negro* is not the stories that make the Zapotec seem exotic. The heart of this book is the everyday that connects us all: the delicate family ties she portrays in "Childhood Home," the appetizing treats depicted in many poems, the struggle between body and spirit that we all face. The most beautiful poems, and the ones I most enjoyed translating and memorizing are the ones that embrace the human family by delighting in particular details. And, like all poetry, hers is personal. Toledo tells the story of her own life and individual struggles as an artist, a woman, a member of her family. As in the poem she dedicates to T.S. Eliot: "I will cross the plaza, the north wind will not stop me, will arrive in time / to embrace my grandma before the last star falls."

Poetry translation, especially from indigenous languages, is never a neutral task. It seems almost impossible to bring her verses to you, the reader, without erasing where is comes from or what it sounds like. But if I don't try to remake her verses, people will miss out on the richness of her sound and imagery, how ever distant the echo in English. When I manage to capture it, I am grateful; for the times I don't, I apologize.

✳

Thanks to Jim who encourages me to write better and to Alice and Margaret who remind me to listen. Thanks also to Víctor Cata, Natalia Toledo and Irma Pineda for teaching me about Zapotec and to David Shook for his work publishing indigenous literatures.

CLARE SULLIVAN

Printed in the USA
CPSIA information can be obtained
at www.ICGtesting.com
JSHW022191408224
6813413S0001BR/1138

EL
OLIVO
NEGRO
Y
OTROS
POEMAS
ZAPOTECOS

POR NATALIA TOLEDO

TRADUCIDO AL ESPAÑOL
POR LA AUTORA

ESPAÑOL—ZAPOTEC

PHONEME
MEDIA
Los Angeles

PREFACIO:
FLORES DE PAPEL

UNA NIÑA DE COMO DOCE se estira acostada diagonal-
mente en una cama. Se ríe a si misma, ojos distantes.
La cara de su muñeca derecha yace en su frente suave-
mente. Su vestido es blanco y fluye como un vestido
de novia cubriendo toda la extensión de su cuerpo.
Esparcidas por la cama y en su cuerpo está como una
docena de flores enigmáticas de color negro.

Por qué son tan alarmantes? Es como si fueran
machones de sangre, y la niña inocente acostada ahí
con cara risueña ha sido acribillada por balas sin darse
cuenta, y la cama también, y tanto la cama como la niña
están sangrando, sangrando flores de color negro.

Graciela lturbide tomó esa foto hace décadas en
Juchitán, donde nació Natalia Toledo.

Éstas son las noticias de La Heroica Ciudad de
Juchitán de Zaragoza del 4 de Agosto del 2015. El gobi-
erno de México acaba de anunciar la construcción
de una nueva granja de viento cerca del Pueblo. El
periódico de la Ciudad de México *La Jornada* reporta
que el parque eólica—como el Español eruditamente

llama a la tecnología que utiliza el poder de Aeolus, dios Griego de los vientos—consistirá en 132 molinos de viento que generarán 1,210 horas de giga watts de electricidad por año. Después de ocho meses de consultorías y más de treinta asambleas y talleres informativos en los que más de 1300 de ellos participaron, los habitantes Zapotecos de Juchitán dieron su consentimiento para el proyecto. A cambio, la corporativa a cargo se ha comprometido a salvaguardar el ambiente, y considerar la posibilidad de dar a la gente de Juchitán algún tipo de descuento en sus recibos de electricidad. En otros titulares, un líder del partido Movimiento Para la Regeneración Nacional desafió los resultados de las recientes elecciones en Juchitán y Nochixtlán, y un taxista desconocido de mediana edad fue encontrado sin vida detrás de su volante, muerto por disparo, en el vecindario Istmeño en Juchitán.

Aún en otras noticias: *el camino es largo y delgado, se marchita el cuerpo, el cirio desprende chintul en el corridor del viento, coyote jamás engañará a conejo. Xilografías surcán el silencio de la mesa rallada por gubias, sobre pieles bilingües y morenas.*

El dios Zapoteco de los vientos es Pitao Beé quien participa en la esencia de Pitao, el creador supremo, el incorpóreo, el increado, quien trajo a ser el Universo completo con un único, largo respiro.

> *Cuando mi madre borda*
> *el aliento de Dios sopla*
> *sobre el telar*

Cuando ella era niña, el padre de Natalia, el pintor Francisco Toledo, le presentó a la escritora Elena Poniastowska, venida de México a visitarlos en el estado sureño de Oaxaca. Mientras Poniastowska miraba, el pintor y su hija hablaban entre sí en Zapoteco, incompresible para ella. Entonces, la niña se escondió detrás de un árbol.

"Crees que a ella le gustaría un helado?" preguntó la visita, sintiéndose muy extranjera.

Toledo se rió. "Ella no es una niña de helados."

"De qué es la niña?"

"de hechizos."

> *Cuando mi madre borda*
> *el aire despeja las palomas.*
> *Es mi azotea*
> *un desierto rojo.*

Yo conocí a Natalia Toledo en la ciudad de Nueva York luego de un tributo a Octavio Paz del que tomó parte en la Poetry Society. Cenamos en un restaurante italiano en Tribeca; alrededor de la mesa con nosotros habían otros poetas y escritores, embajadores culturales, y editores. Hablamos sobre nuestras familias, sobre Clare Sullivan, sobre libros, sobre eventos. Natalia está a gusto, es elegante, pensativa y entretenida. No se escondió detrás de un árbol. Ella hace un hechizo. No habló Zapoteco; no había nadie con quien ella pudiera hablarlo. Cubiertos tintineando, copas campaneando, comida bellamente presentada, el restaurante artísticamente decorado, con cielos altos y un bar muy detallado.

Helado consumido. Cierto o no que todo se tiende hacía un restaurante lujoso en los grandes rasgos de lo que ya no llamamos el "primer mundo"? Y entonces, cómo llamamos a lo que llamábamos el "primer mundo"?

Recuerdo un restaurante en Juchitán, los colores de las alfombras, las formas de las losas de barro, las plantas, el dedal picante de mezcal que me sirvieron como preludio a un lento, suave almuerzo hace mucho años. Revisé Trip Advisor: ninguno de los tres restaurantes de Juchitán de la lista correspondían en alguna manera a lo que recuerdo.

Natalia escribe
tal vez soy la última rama que hablará Zapoteco.

Los lingüistas han identificado 57 distintas formas del macrolenguaje Zapoteco. Ethnologue.com los lista todos, desde el Zapoteco Aloápam hasta el Zapoteco Zoogocho. (Eso plantea la pregunta de cómo será el orden alfabético en Zapoteco: una pregunta a la que no tengo respuesta.) Con 3400 hablantes, el Aloápam tienen un estatus lingüístico de 6a (Vigoroso). A pesar de tener menos hablantes—1400—el Zoogocho posee un estatus mayor: 5 (en desarrollo). San Agustín Mixtepec tiene 59 hablantes: su estatus es 8b (casi extinto).

Si eres un lenguaje, un 10 (extinto) es lo peor que puedes ser. Probablemente no saldrías de ahí ni arrastrándote, pasando por los números, por medio del 8a (moribundo) hasta 6b (en riesgo) y a través de 4 (educativo), alcanzando 2 (provincial), hasta lograr el nirvana de 0 (internacional). Ejemplos del estatus Cero son el

inglés y el español, los lenguajes que hablé con Natalia Toledo.

Lo que quiere decir: llegarás a alcanzar la traducción de Clare Sullivan en vano por *Cero, nada, vacío, nulo, blanco, nadie, el olvido.* No encontrarás eso aquí. Encontrarás la muerte, sí. Y *aves sin casa en la jungla de olvido.*

Lo que quiere decir: Natalia Toledo dibuja flores en papel, hace mariposas de papel, hace del papel Cielo, Tierra, Maíz, Juegos, Caña de Azúcar, Mis Ojos, el Falo del Cielo, lo que Visten los Juchitecas, y Mi Único Hogar. Lo que hay que notar, lo que hay que recordar, es que se encuentran ramos de flores gigantes en las salas de los hogares de Juchitán. Las mujeres cortan tejidos multi-colores en formas raras y con dobleces cubren el alam-bre, halan los pétalos hasta abrirlos, primero con tirones ligeros y luego con su aliento, cuidando no romper el fino papel, suavemente, suavemente, soplando con rapi-dez hasta que la flor ha florecido.

Los poemas de Natalia Toledo aquí no son impresos en ese llamativo, frágil tejido pero debes leerlos como lo hubieran sido; debes respirarlos suavemente, creán-dolos llenos del aire de tus pulmones. Las flores espar-cidas en la cama de la fotografía que Graciela Iturbide tomó hace muchos años en Juchitán, están hechos de lo mismo.

ESTHER ALLEN
Traducción del inglés por Isaac Marín

EL
OLIVO
NEGRO
Y
OTROS
POEMAS
ZAPOTECOS

Caree yaande guiigu'
guirá xixe raca benda.
Diuxi ribeelú guriá to yoo caruxi
naa ruyadxiee'laabe deche ti yaga guie' yaase'.

El río se desborda
todos se convierten en peces.
Dios aparece en una pared descarapelada
yo lo observo detrás de un olivo negro.

Guie' yaase'

Luguiá' guié yaase'ti badudxaape' huiini'
rudxiiba' guendanayeche sti',
ndaani' ti chu na' yaga
ruxhalebe ca bandaga biquii gubidxa
rugababe cani rutiee guendaracaladxi' stibe.
Ca bandaga zabi laabe panda nguiiu zapabe
bia' ni gugaba' bicuinunabe
bia' que guendanabani zabi laabe ti lá.

Flor negra

Una niña eleva su risa al olivo
en una rama desnuda
abre las hojas doradas
para contar las manchas del deseo.
Las hojas le dirán cuántos amores tendrá
por cada mancha que su dedo cuente
el destino le revelará un nombre.

Guielú dani guí

Ndaanti'ti le'yuze zuguaa
cagaañe guidxilayú ne dxita ñee:
cabeza naa.
Naa ridide' nisiaase'luguiá'ti za guiba'
ne riuaabie'ra nuume.

Ojo de volcán

En el ruedo un toro
escarba el mundo con las pezuñas:
me espera.
Yo paso dormida sobre una nube
y me arrojo.

Xtuí

Gula'qui' xtuxhu
beeu guielúlu'
ne bichuugu' xtuí nucachilú
ndaani' xpidola yulu'.
Biina' guiehuana' daabilú'
de ra guixiá dxaapahuiini' nuu ndaani' guielulu'.

Vergüenza

Pon el filo
de la luna sobre tus ojos
y corta la vergüenza que se esconde
en tu canica de tierra.
Llora espejos enterrados
hasta que desaparezca la niña.

Lidxe' nga li'dxu'

Stale ni die'rizá gala ique'.
Guendaguti naca ti berendxinga zuba beza
ruaa bandaga li'dxu'.

Mi casa es tu casa

Orlas se tejen sobre la cabeza.
La muerte es un grillo que aguarda
sobre la hoja de tu puerta.

Xcu badudxaapa'huiini'

Napa' ti bandá' biree lu gui'chi' die' guendadxiña
dxa' nisa guielua' ne ruaa'nagapi ti guie'
guyuu tuxa ndaani' bandá' gui'chi'
ne guxha de xcú xa guie'.

Niña con raíces

Tengo una foto en sepia
con los ojos llenos de agua y una flor en los labios
alguien entró a esa foto
y arrancó de raíz la flor.

Yoo lidxe'

Dxi guca' nahuiini' guse'ndaant' na'jñaa biida'
sica beeu ndaani' ladxi'do' guibá'.
Luuna' stidu xiaa ni biree ndaani' xpichu' yaga
    bioongo'.
Gudxite nia' strompi'pi' bine'laa za,
ne guie' sti matamoro gúca behua xiñaa bitua'dxi
riguíte nia' ca bizana'.
Sica rucuiidxicabe benda buaa lu gubidxa zacaca
gusidu lu daa,
galaa íque lagadu rasi belecrú.
Cayaca gueta suquii, cadiee doo ria' ne guixhe,
cayaca guendaró,
cayaba nisaguie guidxilayú, rucha'huidu dxuladi,
ne ndaani' ti xiga ndo'pa' ri de'du telayú.

Casa primera

De niña dormí en los brazos de mi abuela
como la luna en el corazón del cielo.
La cama: algodón que salió de la fruta del pochote.
Hice de los árboles aceite, y a mis amigos les vendí
como guachinango la flor del flamboyán.
Como secan los camarones al sol, así nos tendíamos
    sobre un petate.
Encima de nuestros párpados dormía la cruz de
    estrellas.
Tortillas de comiscal, hilos teñidos para las hamacas,
la comida se hacía con la felicidad de la llovizna sobre
    la tierra,
batíamos el chocolate,
y en una jícara enorme nos servían la madrugada.

Mexa'bidó'

Ti mexa'bidó' ñee cuanda
nahui bizuudi'
sica rusuchaahui' ti gunaa za,
ma cazui' gui'ri',
nuxhele' Niñu guiropa ndaga guielú
guicha íque guiiu nabidxu,
gulee' yaande'laa dxi nexha lada guixi
biquiide' guidiladi ne golabere' ne nisa xhinni
lu mexa' bidó' reeche guie' bigaraagu', guie'xhuuba' ne
guie'chaachi'.
Galahui zuhuaa gala bandá' sti'gue'tu jñaa'Rosi
riná guirá ni ruzee lu' ndaani' yoo.
Ruyadxiee'ni cuyaa gu'xhu'
ne riníti lu bi.
Cani' ti riidxi:
binidxaaba napa xhia.

La mesa de santos

Una mesa de pata dispareja
envuelta en fustán zapoteca,
el cirio agoniza,
un niño Dios abre los ojos como postigos y
su cabello estuco rizado,
—cuando lo tiré de su cama de heno
pegué sus pedazos con la viscosa de un árbol y saliva—
sobre la mesa se esparce corozo, jazmín del istmo y
     flores de mayo.
Al centro el torso de mi tía Rosi
observa a los que se persignan dentro de la casa.
Veo las figuras que el humo danza
y desvanece en el aire.
Oigo una voz:
El diablo tiene alas.

Guie' xhuuba'

Qui zuuti guenda xtubi naa
guielua' naca ti guie' gudxiru biulú.
Ti ladxidó' cayuuna naaze nanda laa
cadi cacaa bi,
cayaca diti xhiaa' sica ti bereleele,
dxi ribidxi gubidxa ne nisaguie.
Qui zuuti xilase naa, rabe
ti saa ribí lu bangu sti' guenda ribana' stinne'
nisadó' ro' candani lu guie ra gule'
rucaa' diidxazá ti gusiaanda' xi diidxa' ratané yuuba',
rinaba' guibá' ne xpele
gudxii naa guendanayeche' guleniá'.
Biguídi' gui' chi' naaze naa:
xiñee bidxii de'chu'
beleguí biliibine xquípilu'.

Flor que se desgrana

No moriré de ausencia
un colibrí pellizcó el ojo de mi flor.
El corazón llora su calosfrío
y no respira,
tiemblan mis alas como el alcaraván
cuando presagia al sol y a la lluvia.
No moriré de ausencia me digo
una melodía se postra sobre la silla de mi tristeza
un océano brota de la piedra de mi origen
escribo en zapoteco para ignorar la sintaxis del dolor,
le pido al cielo y a su lumbre
que me devuelvan la alegría.
Mariposa de papel que me sostiene:
por qué le diste la espalda a la estrella
que anudaba tu ombligo.

Ni náca' ne ni reedasilú naa

Ti mani' nasisi napa xhiaa ne riguite.
Ti ngueengue rui' diidxa' ne riabirí guidiladi,
naca' ti badudxaapa' huiini'biruche dxiña cana gutoo
    ne qui nindisa ni
ti dxita bere yaase' riza guidilade' ne rucuaani naa.
Rucaa xiee ti yoo beñe zuba cue'lidxe',
naca'layú ne guirá lidxi.
Ti bandá' gudindenecabe,
ti miati' nalase' zuguaa chaahui'galaa gui'xhi' ró.
Ti bacuxu' sti nisa, sti yaga guie', cadi sti binni.
Naca' tini bi'na' Xabizende.
Naca' ti bereleele bitixhie'cabe diixa' gulené.

Lo que soy, lo que recuerdo

Una libertad que retoza y no se ha hecho fea.
La sensibilidad de un loro que habla,
soy la niña que se le caen las cocadas y no las levanta,
un huevo de gallina negra me recorre y despierta.
Soy una nariz que huele el adobe de la casa de
    enfrente
un patio y todas sus casas.
Una fotografía regañada,
un trazo delgado en medio de la selva.
Una flor para el agua, para otras flores y no de las
    personas.
Soy una resina que lloró San Vicente.
Soy un alcaraván que ahogó su canto en otro idioma.

Gunaa

Sica rutaagua' batanaya'
ora chi guunda' ndaaya'
sacaca bi rundubi guiropa xhi'dxu',
ca belegui randa diaga xaibá'
ne guielulú': chupa xuba ziña ni bicuiidxi bi yooxho'
renda to lari yaase' ne nalase'.
Guie biete ra narini' guidxilayú:
guiruti rudii bieque ra nexhelú'.

Mujer

Como mis manos antes de orar
la arena del desierto pule tus senos,
las estrellas son aretes en la oreja del cielo y
tus ojos: maíz de palma que el viento secó
envueltos en muselina negra.
Piedra que bajó de donde es tierno el mundo:
nadie gira alrededor tuyo.

Pasión Guuze benda

Guendanayeche' ne ndaaya' xti' zeca' nisadó'
ridi'di' laagaca' lade gui'xhi' ne guiichi.
Rugaandacabe guixhe xa'na' guirá yaga.
Ruguucabe Diuxi ndaani' na'cabe
ti guianda ni gucheza bi.
Rizacabe ti neza ziula ne nalase', riguundu'
guidiladicabe.
Rucuícabe benda ne biadxi yaa, ne riguiizicabe ni lade
    binni.
Ora chindacabe xa ñee Guuze benda
ma bidxaga guendanayeche' sticabe
ni rudiicabe Diuxi nabeza ndaani'lidxicabe.

Pasión de los pescadores

La alegría y su oración rumbo al mar
atraviesan los montes y sus espinas.
Penden hamacas bajo los árboles.
Para curar las grietas que abrió el viento
llevan la fe entre los brazos.
El camino es largo y delgado, se marchita el cuerpo.
Cuecen el pescado con ciruelo verde y lo reparten.
Al final entregan su entusiasmo desmayado
al Dios que está en todas partes.

Yoo ni guniee' xcaanda'

Zenda' lade dani
nisa cayale gasi ruuya' naa,
ruyadxie'lidxi jñiá biida'
zuba gala gui'xhi'.
Rizaya' luguia bandaga,
ti ruaa yoo ro' rixale',
rigana' cue yoo ma biruxhi
¿xi cayuaa' xiee?
ti gui'ri' rundaa xho' sapandú ndaani' lidxi bi.
Ruxhele' guiiru' biaani' rindaya' ndaani' gui'xhi':
ti yoo nagan'da',
riá' ndaani' guzina
ca guisu nacacá' ndaani' jñaa.
Riuuxiee' guendabidxu, nanchi,
za cadxuuni', gu'xhu' benda yaagui'.
¿Xí ná ladxidua'ya'?: nayeche' nuu.
Zenda'lade dani, neza lua':
zuba to yoo bisi'ña' ma biaba laya
ne didilaage luuna' doo rié ne reeda gala guiba',
zugúa yaga ne guie', qui riaadxa' mani' ripapa'.
Rixubena'ya' ti bidxiña ne guielúme nacani ti
xilase nayu'la'.
Nacua' ti lari cuadru huiini'
ne chupa bitoope caguiru xhidxe'huiine',
cadi cuxidxe', suguaa' chaague' sica ti yaga
napa' xhono iza ne guidilade naca ti yoo redasilú
    laa lidxi.

La casa de mis sueños

Desciendo de la montaña
un ojo de agua me mira,
veo la casa de mi abuela
en medio de la selva.
Camino sobre el follaje
una puerta gruesa se abre,
puedo tocar las paredes descarapeladas
¿qué huele mi nariz?
el cirio desprende chintul
en el corredor del viento.
Abro la ventana, ahí está la jungla:
la casa es fresca,
voy a la cocina
las ollas son el vientre de mi madre.
Aromas de anonas, nanche maduro,
el ruido del aceite cuando se fríe, humo de pescado.
¿Qué siento? estoy feliz.
Desciendo de la montaña, enfrente:
una casa de caliche desdentada,
camas de hilos atraviesan su cielo, en mi jardín no
    faltan pájaros.
Acaricio un venado y sus ojos son una tristeza ovalada.
Tengo puesto un vestido de cuadritos
y dos cangrejos pellizcan mis senos de niña,
no sonrío, estoy parada como un poste.
Tengo ocho años y mi cuerpo es una casa, que
    recuerda su casa.

Dada

Pa ñanda niniá' luguiaa
xa badudxaapa' huiini' nayati guielu,
niziee': ti chalupa stibe,
ti duubi' nutiee sica ti pe'pe yaase',
chupa neza guelaguidi ñapa ebiá naguchi ruzaani'
ni dxiña biadxi dondo ñó guenda stibe xa'na' ti
yaga bioongo'.
Nuzuguaa' jmá guie' xtiáne guie' daana' ra lidxibe,
nga nga ñaca xpidaanibe
ti guirá ni ñuuya'laabe
ñanaxhii gupa naxhi cayale gasi guidiladibe.

Dada

Si yo pudiera ir al mercado
con la niña de los ojos pálidos,
le compraría: un juego de lotería,
una pluma del color del jicaco oscuro,
unas sandalias con hebillas doradas
y para que su nahual comiera bajo una ceiba,
la espesura ácida de las ciruelas.
Tapizaría su casa con manojos de albahaca y
    cordoncillo,
ese sería su huipil
y todo aquel que la mirara
la quisiera por el rocío permanente de su cuerpo.

Ni guicaa Jaime Garza

Runi guirá xixe birí daapa ruaa ti dani.
Runic a gueela' bituaa' guendaroxhi
ne guirá ni guniee' xcaanda' ndaani' ti guixhe.
Purti gueu' qui ziuu dxi quite' lexu
ne pur ca dxi biina' guidxe' dxiiche' yoo lidxe'.
Pus guirá zapandu reeche gala ique'
xculá' bigú bitopa' ndaani' guirá saa' rá yeguyá'.
Pur saa' qui nuyaa'bixhoze ne jñaa'
Nadxiee' lii.

Para Jaime Garza

Por todas las hormigas que se concentran en la boca
   de un cerro.
Por la noche de las tlayudas y garnachas
y por todo lo que soñé en una hamaca.
Porque coyote jamás engañará a conejo
y por los días que lloré abrazada a mi casa.
Por el aroma del chintul regado sobre mi cabeza,
confeti amargo que acumulé en las fiestas.
Por el son que no bailó mamá con papá
Te quiero.

Ndaani' ladxidua'
ti na' gande rizá,
re' guirá guendanai' binni nadxaba'
sica ti guie', candaana gó guirá manichuga.

Dentro de mi corazón
un cienpiés transita,
resiste la pócima de la envidia
como una flor, tiene hambre de insectos.

Nisa Candaabi'

Ti duuba' nisa dxi'ba' gala ique ti dani'
guiendaga' naguiu rixubiná guiba'
rilate ne raca guie.
Ti gunaa zi' riza luguiá' ca gue'tu' guca guie.
ridi'di' ca nguiuu dxi'ba jmá dxumi sú gala ígueca'
canagutooca'ni rízi' binni canayaze.
Nisa Candaabi:
nacú' ti rii nanda ndaani' ca dxi ma gusi.

Hierve el Agua

Un mapa de agua en la cabeza del cerro
esmeralda calcárea que roza el cielo,
torrente de piedra.
Una mujer pobre camina sobre su fósil,
pasan hombres con canastos sobre la cabeza
que venden a los bañistas.
Hierve el Agua:
tinaja helada
que duerme en los ojos del tiempo.

Mexa

Bisa'bi cabee naa'
cue' ti bitoope dxa' birí naxhiñaa ndaani'
ra cáru' gúcani dé ni bidié ne nisa roonde' xti' gueta
   biade.
Lú mexa' bizaacade xhuga ne ti guiiba',
gudaañecade lú yaga
ni bisiganinecabe binni nayaase' guidiladi ni rini'
   chupa neza diiidxa'.
Bixelecabe chiqué ne ti guidxi qui nuchiña laacabe.
Xa'na' dani beedxe'
biyube' ti guisu dxa' guiiba yaachi
ti núchibi dxiibi xtinne'
ne ti nisa candaabi' bixhiá ndaani' bíga' guielua'
guirá xixe guie' huayuuya'lu sa' guiidxi.

La mesa

Fui abandonada
junto a un cangrejo lleno de hormigas rojas
más tarde fueron polvo para pintar con la baba del
    nopal.
De la mesa rayada con gubias: xilografía que
surcó el silencio
sobre pieles bilingües y morenas.
Hubo distancia en ese entonces
la geografía no benefició a la palabra.
Bajo el cerro del tigre
busqué un tesoro para domar el miedo
y un líquido ígneo borró de mi ojo izquierdo
todas las flores que he visto en mayo.

Pa guyube lii
zanda saya' guidubi guidxilayú
ne ñee qui zadxaga
ziyubelua'lii ndaani' Diuxi pa laa gucachi' lii,
xa'na' ti yaga zaca ti binidxaba huiini'
cuchibi ca mani chuga qui gapa lidxi.
Zahuayaa guirá cuananaxi
zee'niidxi xti' gueela' ne guie',
zadxá biá'lazi ne birí guidiruaa'
sica ruaa ti xigabá.
Xi xa'na' yaga tama gurilú'
ni bicaa ì'cu', bixui'lúlu' qui zuyube lii?.
Ora ma guidaga' gusigaa ñee xa'na'
 bacaanda' xti' ti biniidxi, ne guiruche ca tarrón
    luguia'ya',
ne guirà bandaga guchi yaa guchiilua',
ne xa'na' ga'biá ma qui zanda guiniibe'
oraca rú' zanda guicou bi, zanda guyoou luguia'ya' ti
    son yaa pa gacala'dxu',
oracaru' zanda guiniu rarí birá biluxe guenda
    rucaachilu gudxitenu.
Ora ca ru' zanda gusa'bu' bayu biruba gui'ña'
    bindibenia' ladixido'lo',
sica bindiibi jñaa vida nabiuxe rua xpizudi'.

Para buscarte
puedo caminar si quiero toda la tierra del mundo
sin que mis pies se marchiten.
Te buscaré en el vientre de Dios si se atreve a
refugiarte,
bajo el árbol seré el duende que acecha
a los insectos sin nido.
Morderé las frutas
beberé la noche y sus flores,
mis labios se llenarán de moscas y hormigas
como la boca de un odre.
¿Bajo qué tamarindo te sentaste e imaginaste que no
te buscaría?
Cuando me canse y estire mis pies bajo la sombra de
un muérdago
y los terrones y las hojas glaucas cubran mis ojos,
cuando esté bajo nueve cuartas y moverme no pueda,
entonces
podrás respirar y bailar sobre mi cuerpo un son
ancestral, si quieres,
tirar el pañuelo de tulipanes con que amarré tu
corazón
así como mi abuela ataba la morralla a su enagua.

Gucaladxa' niza neu' naa lade guie' ne lade guie,
ñacala'dxi' ladxiduá' qui nusaanu naa ndaani' ti
   dxumi
dxá' gu'xhu' bidó bicaa neza íque',
ñuula'dxi' ca ñee' huiine' qui nundaca' na bandá' xtica'.
Nabé ñuaaladxe' qui ñuu dxi nuzuxibe' cayuunda'
   ndaaya'
de ra bi'na' guiropa chu guie lua' sica bidxadxa
nabé pe'ñacaneu' guendaxtubi xtinne'
pa lii qui nussaanu' naa ndaani' xa yoo yooxho'
ra guleza ca gunaa bixhiá lá ne ndaaya'.
Gusé' xa'na' ti yaga bui' nasoo ra cayale nisa
ra gudiibe lari guidubi ti iza.
Gudxiba' gala deche ti bicú' ne biitua'
xiana xtinne' paleta deche me,
ague sicarú pa niziidu ñannaxhiu' de ra ñacaná
   guielulu'
ne la'dxi'dolo' nusaba ca bandaga xhiuubalu'.

Deseé caminaras conmigo en las flores pero también
   en las piedras,
quería mi corazón no me dejaras en un canasto
 con humo de santos que hicieran toser mi cabeza,
a mis pies les hubiera gustado no soltar de la mano su
   propia sombra,
cómo hubiera querido no arrodillarme jamás a la hora
   de cantar oraciones
hasta que mis ojos lloraran como una pichancha.
Habrías ayudado a mi soledad
si no me abandonaras en el vientre de un convento
   viejo
donde vivían mujeres que rezaron hasta borrar sus
   nombres.
Dormí bajo un árbol de guayabo alto
lavé ropa un año sobre el agua que nacía.
Ahí senté sobre la espalda de un perro y tallé mi coraje
   sobre sus costillas.
Qué hermoso fuera
si aprendieras a amar hasta que tus ojos dolieran
y las penas de tu corazón se deshojaran.

"NI RIGUITE
XQUIEE
NANIXE NÁ'
ORA RUNI
GUENDARÓ."

CREENCIA JUCHITECA

"EN LA COCINA,
EL QUE JUEGA
SU SEXO
TIENE BUEN
SAZÓN."

———————————

CREENCIA JUCHITECA

Dxiiña'

Rigapa' guerta bia' ti ladxidó'
cuba nga bata naya',
rutiide' dxiá lú gui
ruruba' biidxi guitu
ti guinana nisa ra rixuuba' ca bendabuaa
ni ma bídu gubidxa bixiñá:
rutié' niá' bia
guidi ruaa guendaró.

Oficio

Hago tortillas del tamaño de un corazón
de masa es mi mano,
pongo el comal sobre la lumbre
tuesto semilla de calabaza
para espesar la alberca de los camarones
oreados y rojos:
maquillo con achiote la boca de los sabores.

Guiiñá' dxuladi

Sica ruxhalecabe ti bacuela
naguchi yaa ne ruzaani',
sacaca ruxhele nda'gu' guiropa chu xco'relu'
ora zuba' ndaani' guixhe
ti zaque chu' ndaani' guixhe
ti zaque chu' ndaani' xhigalú'
xquiña dxuladi xpa'du'lu'
ne guzulú guchaahuilu'
biziaa birubú' lu dxia sti xquendaracala'dxilu'.

Chile chocolate

El totomostle abre luminoso
amarillo y verde.
Tú descubres de par en par tus piernas
cuando te sientas en la hamaca
para que en tu jícara entre
el chile-chocolate de tu hombre
y así batir el cacao
que doraste sobre el comal de tu deseo.

Dxiña beeu

Rului'ni zqui' chiva
guielú bia'lazi yaa
nayaase'lana sica xa'na guisu ribí lú dé,
ti nisa bi'na' gui'xhi'.
Nanaxhi sica guidiruaa binnigola rui' diidxa',
xpidoola yaga ragua' xehe' beeu saa xquidxe'.

Dulce de cereza silvestre

Parece caca de chiva,
ojo de mosca tropical
negra como nalga de olla sobre el fogón,
lágrima que se formó en el monte.
Dulce como los labios de un anciano que platica,
canica de árbol que devoro en el mes de mayo.

Benda yaagui

Nexhe chaahuica'
ruluica' gue'tu' bibidxi xti' ca eqipciu
rendaca' bacuela.
Galaa íqueca' riguiche' xquie' ti bichooxhe yaa.
Beeu ruzaani jlazaca',
zuxale ndaga decheca'
guielucame cayuunaca' ndaani' gu'xhu'.
Suquii: naca ba' xti' ca mani nisadó.

Pescado ahumado

Duermen en hilera
parecen momias egipcias
envueltas en hoja de maíz,
sobre sus cabezas exprimo un jitomate verde.
La luna hace brillar las escamas,
tienen el dorso abierto
sus ojos lloran dentro del humo
el comiscal: sarcófago de los frutos del mar.

Guendabidxu

Nari'ni' ne naxiaa ndaani',
rinda' naxhi sica baduhuiini'
renda lari biidxi',
za biree ndaani' layú,
naguchi ne naxiñá'
rahuayaa guidila'du'
sicasi ñaca xhaba ba'du' gule gasi.

Anona

Corazón de algodón tierno,
aroma de niño
envuelto en tela de semillas,
nube de tierra,
amarillo y rojo
yo muerdo tu piel de recién nacido.

Ti nguiiu bichenda naa
sica rirenda ti xiga bizunu ruyaa'
ne bilaa naa layú
bisiaa si naa, zé', guxha naa xtoo.

Un hombre
me envolvió como trompo
me arrojó sobre la tierra
y me dejó bailando sola: sin reata.

Ca Gunaa xieladi

Bandá' xticabe ni güe guiiu
guiidxicabe xibicabe.
Ñechu' yannicabe sica tou'
lu mexa luguiaa',
runna nisa dani lé
bandui' naca guicha íquecabe.
Nuu xtubicabe: xindxa' ruuna' ndaani' guidiladicabe.

Mujeres desnudas

Sombras para la cal
abrazan sus rodillas.
Cuellos vencidos como guajolotes
sobre la mesa del mercado.
Llora la oquedad del cerro
surge lama para sus cabellos.
Solas: en la ígnea humedad de sus cuerpos.

Ni Nabani ma' guti

Diidxa' guielú napa lú
naxoo ne na bidola,
sica ti bendabuaa ndaani' guiñadó'
sica chupa neza guelaguidi
ma gu'gui' ne nachonga yaga:
sica gucheza bi batañee ti nguiiu ra ñaa.

Naturaleza muerta

La palabra ojo tiene ojos
serios y redondos,
como un camarón en el mole
o un par de guaraches de cuero
curados y tiesos:
como las grietas de los pies de un campesino.

Sica ré' biulú niidxi sti' guie' rica lu yaga
sacaca re' guie' stinne' xnisalu'.
Riuulu' ndaani' ra nari'ni' xcú
ne ruyubilúlu' ti guie huána' guini' lá lu'.

Como los colibríes a una orquídea
liba mi flor por ti.
Entras a donde el tallo es dócil,
buscas un espejo que pronuncie tu nombre.

Guendaranaxhii

Guibá' ladxidua' naaze lii
sica naaze gueela' ca belegui.
Ti xtagabe'ñe cayale lugiá' guiigu'
sica rindanilu'
lade ñee xpacaanda' xcore'.

Amor

El cielo de mi corazón te contiene
como la noche a sus estrellas.
Una mudubina está naciendo en la superficie del río
así como tú emerges
en medio del sueño de mis piernas.

Binnigüe'

Ma' gúla ca beleguí,
ne guie lua'
naca chupa bigaraagu'
candaabi bichiiña' cabana' lii.

Bacco

Maduran las estrellas,
y mis ojos
son dos coyoles
que de extrañarte se fermentan.

Naa gundisa ca nisa biina' guielua'
ndaani' ti xiga
ti dxi guichagana'ya'
guindaacabe ni gala íque'.

Yo guardé mis lágrimas
en una jícara
para que el día de mi boda
la rompan en mi cabeza.

JUEGOS DE INFANCIA

PARA MIS AMIGAS DE ENTONCES:

OCTAVIANA,

ELEAZAR,

CÁNDIDA,

ROMELIA.

PARA MI PRIMA ANABEL.

Ganiú

Contiene, contiene la ganiú
bidxiee na' guiiru' xcurgui' ta Piú

Ti ludoo ba'duxcuidi
zubaca' ruaa yoo
ñechu' naca' gala deche ca,
rutiidica' ti ganiú lade na'ca'
ne rucaachicani.
ba'du'zuhuaa lu cabe rinabadiidxa':
tu laa nunachi' ni
nit obi que rini'
ti guielu rigaañe
ne sica ti bele ribee lu xaguiba'
rigapa ne ridxela ni.

Anillo

Quién tiene, quién tiene el anillo
para revolver el ano del señor Pío.

Una hilera de niños
sentados en la boca de la casa
ocultan las manos en la espalda,
un anillo transita entre sus dedos
lo esconden.
El de enfrente pregunta:
¿quién tiene el anillo?
todos enmudecen
y muestran sus puños
una mano los recorre
y una mirada los escarba
como un rayo que asoma en el cielo
él golpea y adivina.

Tingui bidó'

Sica ti luba'
ruchendacabe bicuini na'cabe,
ca badu'xcuidi rindanica'
ti ba'du' bidó' ndaani' dxita le naca'
ne ribee zaca' laabe.
Ruzuluca' luguiá' guie nexhe' cue' yoo
gatigá ridi'di' laaga ca' lú neza.
Laabe Zubabe ruyadxibe,
Xabizende guca bido'
dxi gudxite ne guri ndaani' na' ca biza'na'.

Juego de santos

Como un bejuco
enlazan los dedos de las manos
en la oquedad que forman sus huesos,
los niños cargan al elegido.
Pasean al niño-santo
de una banqueta de granito a otra.
Desde su trono él los observa,
San Vicente se beatificó
cuando jugó a sentarse
sobre los brazos de sus hermanos.

Guendarapa xiiñi'

Rigaañedu caadxi guiiru'
sica nidaabi xhidxi gunaa guriá yoo,
ruca'du ti neza ne gueere'
ne runda'du tala'dxi'
chona guie riguiñecabe laadu.
Rudxii dechedu deche yoo sica shini' Diuxi
ruze'gudu ludu ne rodo'ni
purti napadu chona guie ndaani' xquiirudu.

Tener hijos

Escarbamos hoyos en el borde de la casa
como senos metidos en la tierra,
con un bambú seco marcamos una raya
aventamos la bola de hule
cada caída es un hijo de piedra
tres piedras es un castigo.
Al final de espaldas sobre la pared nos crucifican
con los ojos cerrados recibimos todos los golpes
por tener tres piedras en nuestro orificio.

Bizu

Dechenadu riguiide ne rusaana niidxi sti'
ca ba'du' xcuidi nacacá' ti xiga bizu
ni riguiru bataná' guendaranaxhii
sica ti mani' nisadó' nuzá' Giacometti ne guiiba'.
Ti yaga ridiiñe ni biza'du
ne rucheeche nisa ruuti',
riaya xtidxidu riree guxooñe' nedu laa zitu,
rinanda xiga dxiña bizu laadu.
Guiree zou'
ti zaca nga gunibia' neza guibiguetu'.

Abeja

En el dorso de la mano
aguijonea y deja su leche.
Los niños son una jícara de abejas
que pellizca la mano de Eros
como un crustáceo de Giacometti con metal.
Una vara azota nuestra escultura y esparce el veneno,
nuestro grito se dispara corriendo
el morro de caramelo nos persigue.
Para dar con la meta
sólo hay que huir de ella.

Guendarucachilú

Paraa bicachilu'
ndaani' yaani ti guisu ¿la? Co,
ndaani' na' guixhe ¿la? Co,
xa'na' guendadxiña bi'ya'binnisu' ¿la? Co,
deche yuxi guiigú ¿la? Co,
ndaani la'dxi na yuuba ¿la? Ya.

Escondidillas

Dónde te has escondido,
¿En la garganta de una olla? No,
¿en la oquedad de una hamaca? No,
¿debajo del chicozapote de tu infancia? No,
¿en la espalda de arena del río? No,
¿en la palma de la mano del dolor? Sí.

Dxí gúca' baduhuini'

Guixhe	Ladxi na' jñiaa
Guibá'	Guí'chi'China
Layú	Guirá ni rutiee naa
Ta Juan Míchi	Ni nanna diidxa' yoxho'
Guie' chaachi'	Biga'xti ca bidó ne ca gubaana'
Xuba'	Dani bixuuba'
Guenda riguite	Gubidxa lade ñee'
Nite	Xquie guibá'
Guie lua'	Xcuuana gueela'
Xabizende	Ngasi nga lidxe'

Infancia

Hamaca	Brazos de mamá
Cielo	Papel de china
Tierra	Todo lo que me tiñe
Don Juan Míchi	Tradición oral
Flores de mayo	El collar de los santos y de los ladrones
Maíz	Cerro desgranado
Juegos	El sol entre mis piernas
La ropa de las juchitecas	El zapoteco
Caña	Falo del cielo
Mis ojos	Fruta de noche
Juchitán	Mi única casa

NA' NI
RIGUIIBA

MANOS
QUE TEJEN

Ora jñaa' caguiba
bi ruchía ca guugu stia.
Íque lidxe' naca
ti xilate dachi naxiñá'.

Cuando mi madre borda
el aire despeja las palomas.
Es mi azotea
un desierto rojo.

Naxiñá' rini

Rini sti' guichi bia gueta
guie naxiñá' naguichi daabi lugia' beela ró manichuga.
Batana' Diuxi guyu biní,
ruuna ni ridiee ne bidaani'
racu ca gunaa gule Lula'.

Grana cochinilla

Sangre del nopal
rubí de espinas sobre la carne de los insectos.
Mano de Cristo sembrada,
llora la tinta
que visten las oaxaqueñas.

Lari riguiba nisadó'

Ca na' bitoope
naca chupa guie' lu gue'la beñe
ziyale xa'na' beeu quichi' xti' yuxi.
Caguibaca' ra nacahui lu ti lari raaya'
ora gucheeca'
nisadó racané guixhia ra ma gudibaca'.

Textil de mar

Las tenazas del cangrejo
dos flores de pantano
que se abren bajo la luna blanca de la arena.
Tejen en la oscuridad sobre un telar de granito.
Cuando se equivocan
el mar les ayuda a borrar.

Ni riguiiba

Xa'na' baca'nda'
xhidxi xiaa nari'ni': carenda doo.
Naga'nda' neza yoo sica nisa coco ndaani' miati,
ri' ndani doo lugia ti yaga dxiba
ni nuá' guxharu ne bacaanda',
huindubi bi nisa sti' lú
ti guiichi guiiba yati dxi gueela' ridi'di'
lu lari sisi sti' xquendarietenaladxe'.

La tejedora

Senos de algodón tierno
bajo la sombra: hila.
Corredor fresco como el agua de coco en el estómago,
enjambre de hilos ancla sobre un bastidor
sostenido por sueños y chapulines,
abanico surcálido sobre el rostro
una aguja de plata atraviesa siempre
la seda de mis recuerdos.

Gunaa riguiiba

Randá xtí gueela'
riree lade xco'relu'.
Caguibu' lu ti gueta biguii xiaa yaase',
caguiche xhiiñi' guie' lu lari.
Cuira bandaga ma biaba xa ñeeu
nisi xhidxi yaga bioongo' biaana.
Cabee lú ti guxharu lade neza
rigapanalu' ne ruchi'bu' laa.
Rugadxu' doo ne nisa xhinni
zuhuaandi' rutiidu' laa ndaani' guielú guiichi guiiba'.
Nacaxiiñi lú jmá guie'
ne zineu'ti baduhuiini'
zuzee guie' lu gui'chi'dxi guiniisi.
Gusi jñaa', gusi ne bixhague' ruaa' xpacaandalu'.

La mujer que teje

La sombra de la noche
sale de tus piernas.
Tejes sobre un totopo de terciopelo oscuro,
germinan los hijos de las flores sobre la tela.
Las hojas caen bajo tus pies,
sólo le quedan senos a la ceiba.
Un chapulín asoma en el callejón
aplaudes y se va asustado.
Mojas el hilo con saliva
mástil que atraviesa el ojo que borda.
Estás embarazada de flores
y llevas una niña
que dibujará flores sobre el papel cuando crezca.
Duérmete mamá, duerme y deja que tus sueños abran
    su boca.

Badudxaapa' cubi

Ora jñiaa' riguiba
guidiruaa diuxi rundubi
lu lari,
íque bicuininabe rindani gadxe guie' xiñaa'
ni rutienebe lari xhiaa gueela'.

Novia nueva

Cuando mi madre borda
el aliento de Dios sopla
sobre el telar,
de la punta de sus dedos crecen siete flores rojas
que tiñen el algodón de la noche.

Bidaani'

Ruyadxie' lii sica ruyadxi guragu' guibá',
ribaque chaahue' lii ndaani' guiña candanaxhi
  guiriziña
guidiladé ruxhele guirá guiee' bizeecabe lu xpidaane'
guirá nguiiu ne biulú zanda gueeda chiru ca' naa
  yanna gueela'
guenda nayeche' xtinne' cadá nisa.
Ora riaa' sa' riguyaa' ne pa guiaba nisaguie
ladxidó' guiba' ribee yaande gadxe
ni rutiee lu xpidaane' ne guielua'.
Ora guiruche ti guí ria'qui' guiba'
naa ruxhele' ruaa'sica guragu' ne rabe xpele.

Huipil

De cara al cielo como una lagartija,
te acomodo dentro del baúl con olor a ocote
mi piel revienta las flores que dibujaron sobre mi v
    estido
pueden venir esta noche a pellizcarme hombres y
    colibríes
mi alegría es néctar que emana.
A bailar voy a las fiestas y si llueve
el corazón del día arroja un arcoiris
sobre mis ojos y mi huipil.
Cuando un rayo cae, quema el cielo,
entonces abro mi boca de lagartija para beber su fuego.

GUIELUA':
BIDXICHI
BIGÚGUIE
GUI'DI' NDAANI'
GUIE RA BIRÉE

MIS OJOS:
MONEDAS
DE MICA
ADHERIDAS
A LA PIEDRA
DE SU ORIGEN.

Ra ruzulú guidxilayú

Guacanu jlaza diuxi,
guie', bidxiña ne migu
gucanu yaga gucheza bele,
bacaanda' ne libana guni' bixhoze bidanu.
Biabanu ndaani' gui'xi'
gubidxa bitiidi' baxa sti' ladxido'no,
gucanu pumpu ¡au!
gucanu nisa ¡au!
Yanna nacanu dé biaana
xa'na' guisu guidxilayú.

Origen

Fuimos escama de Dios,
flor, venado y mono.
Fuimos la tea que partió el rayo
y el sueño que contaron nuestros abuelos.
Caímos en el monte
y el sol nos atravesó con su flecha,
fuimos cántaro ¡au!
fuimos agua ¡au!
Ahora somos ceniza
bajo la olla del mundo.

Xquenda

Dxi gúle'
bixhoze' bituxhu ruaa ti gueere',
ni btiee lu yu gúpe
guirá xixe mani' gudídí neza íque.
Layú guni' tu nga xquenda': Be'ñe'.

Nahual

Mientras nacía
mi padre afiló la punta de un carrizo
y dibujó sobre la tierra húmeda
los animales que pasaron por su mente.
La tierra le dijo cuál sería mi ser dual: lagarto.

Guidxilayú

Íque guidxilayú,
zanda gu'yu' layú.
Nacani gui' xti ca bidó,
xquipi xiga
lidxi bizu
beñe ne nisaguie,
bigúguie biina' gubidxa.

La tierra

Desde la cabeza del mundo,
puedes ver el suelo.
Es caca de santos,
ombligo de bule
casa de abejas
lodo con lluvia,
mica que lloró el día.

Diidxa' ne guenda

Guy utu gucua nisa dondo bi'na guidila'du,
tu guzá de íque de ñeeu
ne qui nexhalelu ti ñunibia' xtuxhu gubidxa.
Guyuu tu gudxiru lu guendaró
ne qui niná ñe' dxuladi male ne cuba ladxi guenda.
Guyuu tu bigaanda ti pumpu nalaa xa'na li'dxu'
ne qui niná ñuni saa.
Qui ganna ca binni huati pa ti guie' biaba layú
guie' ru'laa dxi gáti'.

Tradición

Hubo quien probó el mosto de tu piel,
te caminó de la cabeza a los pies sin abrir los ojos
para no descubrir el resplandor del sol.
Hubo quien sólo pellizcó la comida
y no quiso beber el chocolate de los compadres
y el pozol de semilla de mamey.
Hubo quien colgó en la puerta de tu casa una olla rota
y no quiso pagar la fiesta.
No supieron los tontos que una flor caída al suelo
sigue siendo flor hasta su muerte.

Bidolaguí'

Ruza'came tala'dxi' gui'
sica ti beeu narooba' dxa'típa.
Rudxiiba'cameni gala íquecame
rului'came gunaa canagutoo gueta biguii;
rigaañecame xa'na' guidxilayú
ne rucaachicameni,
sica si ñacani
ti gula'sa jmá rizaca.

Escarabajo

Forman pelotas de estiércol
redondas como luna llena.
Las acarrean en sus cabezas
parecen mujeres que venden totopos;
escarban bajo el suelo del mundo
las ocultan,
como si se tratara
de una reliquia sagrada.

Cayache bate ladxidó' guidxilayú
ti bandaga yaa rasi íque laga'.
Bandá'stinne' lu tapa neza rizá
nayeche' riabirí guidilade'.
Ti le' nga ra lidxe'
ti bacuzaguí cahuinni biaani' gala deche'.
batanaya' naca ti yaza ne guirá ni rudiina' naa
rituee laa ne tini biina' guie' stinne'.

Se reproduce el fuego en la tierra del mundo
una hoja tierna duerme sobre mis párpados
Mi sombra camina por cuatro veredas
feliz mi piel de hormigas se estremece.
Un jardín es mi casa
y poseo una luciérnaga en el dorso que me trasluce.
La palma de mi mano es una hoja
y a todo aquél que me saluda
tiño con la leche de mi tallo.

Gurié xa'na' ti ba'canda'
naca deche'ti bacuela bigundu'.
Xilase richeza layú
sica ora riaba biní.
Yudé guidxilayú cayuni ti bidunu
ndaani' guielua'
candá' naxhi nisaguie,
ma chi guidaagu' guiba'.

Sentada bajo una sombra
mi espalda es un totomostle vencido.
La tristeza abre surcos
como el suelo en que se siembra.
El polvo del mundo
se remolina dentro de mis ojos
aroma de lluvia,
a punto está de cerrarse el cielo.

Bicahui guidxilayú
bilate pumpu, bixooñe' guiigu' ne nisadó',
biree ti gubidxa yáa bixhia guielú binni, yu güe' nisa
    xti guirá guie',
ne yaga ga',
gúca ti xu ro'ne bixele' layu,
ra gucua bi racaa gúle guie' ti nguiiu'.

Oscureció el mundo
se derramó el cántaro, corrieron los ríos y los mares,
salió un sol glauco que borró los ojos de los hombres,
la tierra bebió el agua de las flores y las plantas,
hubo un temblor y de sus fisuras,
brotó el primer hombre.

Ni guicaa T.S. Eliot

Ndaani' batanaya' gule jma guie' naxiñá' rini ziula' ne
sicarú,
qui zanda gusiaanda' dxiibi guxhanécabe naa guirá ni
gule niá'.
Guzaya' xadxi ne batanaya'
bitiidé guidiladé ra dxa'beñe
ne ndaani' guielua' bidxá yuxi nui.
Gula'quicabe láya' mudubina
purti' gule' luguiá nisa.
Guriá yaachi naxi gudó yaa' ti beenda' cayacaxiiñi' naa
ne guca'Tiresias binité guielau,
qui niquiiñe' guni'xhi' ora guzaya' stube ndaani' ca
dxi ma gusi.
¿Guná nga ni bidaané binniguenda laanu', ¿xi yuxi
guie bisaanenécabe laanu?
Ca xiiñe' zuttípica diixa' guni' jñiaca'ne zazarendaca'
sica ti mani' ripapa ndaani' gui'xhi', ne guiruti zanna
tu laaca'.
Guirá beeu nuá' neza guete'
balaaga riza lu nisa cá tini, ni rini' xcaandá' guielua'
pe'pe yaase'.
Zabigueta' zigucaaxiee xquidxe',
ziguyaa xtube xa'na' ti baca'nda' ziña,
chupa bladu guendaró ziaa' zitagua'.
Zadide'laagá neza luguiaa, ni bi yooxho' qui zuceeza
naa,
zindaaya'ra nuu jñiaa biidá'ante guiruche guirá
belegui.

Para T.S. Eliot

De mis manos crecieron flores rojas
largas y hermosas,
cómo olvidar el miedo con que fui despojada de toda
certeza.
Caminé con las manos
y metí mi cuerpo donde había lodo
mis ojos se llenaron de arena fina.
Me llamaron la niña de los nenúfares
porque mi raíz era la superficie del agua.
Pero también fui mordida por una culebra
apareándose en el estero
y quedé ciega, fui Tiresias que recorrió sin báculo su
historia.
*¿Cuáles son las raíces que prenden, qué ramas brotan de
estos cascajos?*
tal vez soy la última rama que hablará zapoteco
mis hijos tendrán que silbar su idioma
y serán aves sin casa en la jungla del olvido.
En todas las estaciones estoy en el sur
barco herrumbrado que sueñan mis ojos de jícaco
negro:
a oler mi tierra iré, a bailar un son bajo una enramada
sin gente,
a comer dos cosas iré.
Cruzaré la plaza, el Norte no me detendrá, llegaré a
tiempo para abrazar a mi abuela antes que caiga la
última estrella.

Zaca' xti' bieque xa badudxaapa' huiini'
ni riba'guicabe guie' bacuá íque laga,
xa ba'du' ruuna niidxi sti guie'
zabugueta' xquidxe' ziaa' si gusianda' guie lúa'.

Volveré a ser la niña que porta en su párpado derecho
   un pétalo amarillo,
la niña que llora leche de flores
a sanar mis ojos iré.

NATALIA TOLEDO has written four books of poetry and two of prose, all appearing in bilingual Isthmus Zapotec-Spanish editions. In 2004 she won the Nezahualcoyótl Prize, Mexico's most prestigious prize for indigenous-language literature, for her book *The Black Flower and Other Zapotec Poems*. She has read her poetry around the world. Her work as a jeweler, clothing designer and chef reiterates the lively imagery of her poetry. She lives in Mexico.

CLARE SULLIVAN is Associate Professor of Spanish at the University of Louisville and Director of their Graduate Certificate in Translation. She has published translations of Argentina's Alicia Kozameh and Mexico's Cecilia Urbina. She received an NEA Translation Grant in 2010 to work with the poetry of Natalia Toledo. She lives in Louisville, KY.

ESTHER ALLEN has translated Javier Marías, Jorge Luis Borges, Felisberto Hernández, Flaubert, Rosario Castellanos, Blaise Cendrars, Marie Darrieussecq, and José Martí. She is currently a professor at Baruch College (CUNY) and has directed the work of the PEN Translation Fund since its founding in 2003. Allen has received a Fulbright Grant (1989), a National Endowment for the Arts Translation Fellowship (1995), and was named a Chevalier of the Order of Arts and Letters (2006).